JAZZ-SOLO FÜR SAXOPHON & KLARINETTE FÜR EINSTEIGER

Die Anleitung für Einsteiger zur Jazzimprovisation für Holzblasinstrumente

BUSTER BIRCH

FUNDAMENTAL CHANGES

Jazz-Solo für Saxophon & Klarinette für Einsteiger

Die Anleitung für Einsteiger zur Jazzimprovisation für Holzblasinstrumente

ISBN: 978-1-78933-187-5

Veröffentlicht von **www.fundamental-changes.com**

Urheberrecht © 2020 Buster Birch

Das moralische Recht dieses Autors wurde geltend gemacht.

Alle Rechte vorbehalten. Kein Teil dieser Publikation darf ohne vorherige schriftliche Genehmigung des Herausgebers vervielfältigt, in einem Abrufsystem gespeichert oder in irgendeiner Form oder mit irgendwelchen Mitteln übertragen werden.

Der Herausgeber ist nicht verantwortlich für Websites (oder deren Inhalt), die nicht dem Herausgeber gehören.

Über 11.000 Fans auf Facebook: **FundamentalChangesInGuitar**

Instagram: **FundamentalChanges**

Coverbild Copyright: Shutterstock: Alenavlad

Beispiele für Alt- und Tenorsaxophon gespielt von Jo Fooks

Klarinettenbeispiele gespielt von Marcus Black

Für meine schöne, talentierte und kluge Frau Jo, die meine Lieblings-Jazz-Saxophonistin ist.

Das Inhaltsverzeichnis

Über den Autor 4

Einführung 5

Hol dir das Audio 7

Kapitel Eins - Schritt Eins: Nach Gehör spielen 8

Kapitel Zwei - Schritt Zwei: Die Moll-Pentatonik 11

Kapitel Drei - Schritt Drei: Tonleiter-Patterns 13

Kapitel Vier - Schritt Vier: Rhythmische Phrasierung 18

Kapitel Fünf - Schritt Fünf: Melodien erstellen 23

Kapitel 6 - Schritt 6: Phrasierung von Frage und Antwort 27

Kapitel Sieben - Improvisiere jetzt deine eigenen Soli 31

Kapitel Acht - Jazz-Artikulation 38

Kapitel Neun - Komposition 47

Zehntes Kapitel – Einen Schritt weitergehen 52

Über den Autor

Buster Birch ist ein preisgekrönter Jazzpädagoge aus London, UK. Seit sieben Jahren ist er Professor an der Jazzfakultät des Trinity Laban Musikkonservatoriums, wo er in den Bereichen Improvisation, musikalisches Können, Jazzrepertoire und Jazzgeschichte unterrichtet. Er war Gastdozent an der Royal Academy of Music, der Guildhall School of Music & Drama und der Middlesex University.

Er ist Co-Direktor der am längsten laufenden Jazz Summer School Großbritanniens www.theoriginalukjazzsummerschool.com, einem einwöchigen Seminar mit Unterkunft am Royal Welsh College of Music & Drama für Sänger/innen und alle Instrumentalisten aller Alters- und Erfahrungsstufen. Er leitet zwei regelmäßige Jazz-Workshops für Erwachsene www.saturdayjazzworkshop.co.uk und www.tonbridgejazzworkshop.co.uk

Er ist Mitbegründer und Kursleiter der Jazzschule BYMT (www.bymt.co.uk), die regelmäßig Jazz-Improvisationskurse für Schüler der Grundschule und der Sekundarstufe im Musikzentrum des Landkreises anbietet. Im Jahr 2017 gewann die BYMT Jazz School den renommierten Will Michael Diploma Award for Jazz Education, eine nationale Auszeichnung, die „herausragendes Engagement in der Jazzausbildung" anerkennt und „die Arbeit jener Fachkräfte würdigt, die tatsächlich Jazzausbildung anbieten und in vielen Fällen dazu beitragen, die weit verbreitete Jazz-Phobie unter den Musiklehrern und Instrumentalpädagogen im Klassenzimmer zu bekämpfen".

Buster Birch ist auch ein vielbeschäftigter freiberuflicher Jazz-Schlagzeuger, der mit vielen der besten Jazzmusiker Großbritanniens zusammengearbeitet hat. Er hat einen Abschluss mit Auszeichnung in Musik der Universität London und ein Postgraduiertendiplom in Jazz-Performance der Guildhall School of Music and Drama. Er studierte auch am Drummers Collective in New York City und privat bei Jim Chapin und Joe Morello (vom Dave Brubeck Quartett).

Er ist in praktisch jeder großen Konzerthalle und jedem Jazzclub in London sowie bei den großen internationalen Festivals aufgetreten, hatte Tourneen in über dreißig Ländern und hat über dreißig CDs aufgenommen. Er war Mitglied von drei Weltmusikgruppen, mit denen er ausgiebig Aufnahmen gemacht hat und getourt ist. Er hat für Weltklasse-Orchester gespielt, unter anderem für das Royal Philharmonic Orchestra, und hat bei Shows im West End Theater vertreten.

Er schuf seine eigene, von der Kritik gefeierte Show www.busterplaysbuster.com, in der das Buster Birch Jazz Quartett live und synchron zur Vorführung von Buster Keaton Stummfilmen in Spielfilmlänge spielt, für die er über 4 Stunden Musik arrangiert und vertont hat.

Neben seiner freiberuflichen Tätigkeit ist er Mitglied in folgenden Bands: ARQ (The Alison Rayner Quintet) - Gewinner des UK Parliamentary Award für „Bestes Jazz Ensemble 2018", The Jo Fooks Quartet, Heads South, The London Jazz Trio, The Sue Rivers Quintet und The Halstead Jazz Club Big Band.

Weitere Informationen findest du unter www.busterbirch.co.uk

Einführung

Dies ist keine *Anleitung zum Saxophon spielen* und auch keine *Anleitung zum Klarinette spielen*. Es ist eine *Anleitung zum Musik spielen*.

Die Konzepte, die in diesem Buch verwendet werden, sind universell und gelten für jedes Instrument, aber die Übungen wurden so zugeschnitten, dass sie in einen geeigneten Bereich für jedes spezifische Instrument passen. Es gibt bestimmte Details und Hinweise, insbesondere im Kapitel über die Jazzartikulation, die für jedes Instrument spezifisch sind.

Es wird davon ausgegangen, dass du über grundlegende Kenntnisse deines Instruments verfügst und Fingersätze werden nicht vermittelt.

Nicht alle, aber viele Bläser (ein Jazzbegriff für jedes Instrument, in das man hineinbläst) haben einen *klassischen* Lernhintergrund und sind nicht autodidaktisch. Falls das der Fall ist, haben sie wahrscheinlich viel Zeit damit verbracht, ihr Instrument zu lernen und Musik lesen zu lernen. Ihre Auftrittserfahrung kann sich auf das Ablegen von Musikprüfungen und das Spielen in Schulensembles oder lokalen Amateurorchestern beschränken. Daran ist nichts falsch, aber sie haben vielleicht nicht viel Zeit damit verbracht, die Improvisation durch Jammen mit Freunden zu erforschen oder Melodien nach Gehör von Aufnahmen zu lernen - Dinge, die Rock- und Pop-Gitarristen, Bassisten und Schlagzeuger oft tun.

Diese *klassische Ausbildung* hat ihnen vielleicht nicht viel über Harmonie beigebracht, da sie dieses Wissen nicht unbedingt gebraucht haben. Alle Noten sind für sie aufgeschrieben und sie brauchen keine eigenen Parts zu erstellen. Die Theorie, die sie gelernt haben, mag rudimentär sein und sich eher auf die Regeln der Notation als auf die praktischen Details der Funktionsweise von Musik konzentrieren, und diese Theorie könnte ihnen als Voraussetzung für das Bestehen einer Prüfung aufgezwungen worden sein. Deshalb kann es sein, dass sie dies alles auswendig gelernt haben, ohne ein gründliches Verständnis dafür zu haben, wie es in das Gesamtbild passt.

Diese bestimmte Erfahrung des Erlernens des Musizierens kann zu einem unterentwickelten Ohr und einer lähmenden Angst vor *falschen* Noten führen, die sie überwältigen kann. Es kann sogar verhindern, dass sie jemals versuchen zu improvisieren. Mit der Zeit verfestigt sich diese Angst und die Abneigung gegen Improvisation. Es kann den Punkt erreichen, an dem der Gedanke, etwas zu improvisieren, ein unerträglicher Sprung in die Dunkelheit ist.

Wenn dir etwas davon bekannt vorkommt, dann mach dir keine Sorgen, dies ist das richtige Buch für dich! Jeder kann lernen zu improvisieren. Das Improvisieren erfordert eine Reihe zusätzlicher Fähigkeiten, die von allen erlernt und mit Übung beherrscht werden können.

Als Lehrer habe ich gelernt, dass das Wichtigste von allem der Prozess ist. Ein klarer Weg und kleine Schritte machen den Unterschied.

Alle in diesem Buch vorgestellten Übungen und Konzepte sind in meinen regelmäßigen Jazz-Workshops mit Erwachsenen und Schulkindern erprobt und getestet worden. Im Laufe der Jahre wurden sie verfeinert, und ich habe eine Methode entwickelt, die den Prozess in sechs überschaubare Schritte aufteilt. Mit jeder kleinen Herausforderung wächst dein Selbstvertrauen und du kommst deinem Ziel, frei zu improvisieren, näher. Diese Methode vermeidet den schrecklichen Sprung ins Unbekannte und überfordert dich nicht mit zu viel Theorie.

Jeder Schritt dieser Methode konzentriert sich auf ein bestimmtes Element und bietet praktische Übungen, die dir helfen, die erforderlichen Fähigkeiten zu entwickeln. Wenn du alle sechs Schritte absolviert hast, bist du voll ausgestattet, um ein Solo zu improvisieren, und, was am wichtigsten ist, der letzte Schritt wird ein kleiner sein, und kein großer Sprung.

Ich habe die Ergebnisse gesehen, die diese Methode hervorbringen kann und freue mich darauf, sie mit dir zu teilen. Ich hoffe, du findest dieses Buch hilfreich. Es gibt eine Menge Material zu bewältigen, also nimm dir Zeit und arbeite in deinem eigenen Tempo.

Hol dir das Audio

Die Audiodateien zu diesem Buch stehen unter **www.fundamental-changes.com** zum kostenlosen Download zur Verfügung. Der Link befindet sich in der rechten oberen Ecke. Wähle einfach diesen Buchtitel aus dem Drop-Down-Menü aus und folge den Anweisungen, um die Audiodatei zu erhalten.

Wir empfehlen, die Dateien direkt auf deinen Computer und nicht auf dein Tablet herunterzuladen und sie dort zu extrahieren, bevor du sie deiner Medienbibliothek hinzufügst. Du kannst sie dann auf dein Tablet oder deinen iPod ziehen oder auf CD brennen. Auf der Download-Seite gibt es ein Hilfe-PDF und wir bieten auch technische Unterstützung über das Kontaktformular.

www.fundamental-changes.com

Instagram: FundamentalChanges

Kapitel Eins - Schritt Eins: *Nach Gehör* spielen

Der wesentliche Ausgangspunkt beim Erlernen der Improvisation ist das Spielen nach Gehör. Nach Gehör zu spielen bedeutet, dass man, statt die Musik vom Blatt zu lesen, die Noten spielt, die man im Kopf hört. Das Spielen nach Gehör nutzt einen anderen Teil deines Gehirns als das Lesen und lässt dich eine tiefe Verbindung mit der Musik entwickeln. Manche Musiker finden es anfangs schwieriger, nach Gehör zu spielen, aber wie jede Fähigkeit wird auch diese mit regelmäßiger Übung (genannt Gehörbildung) entwickelt, und ich habe noch niemanden getroffen, der diese wertvolle Fähigkeit nicht entwickeln konnte.

Die meisten kleinen Kinder können gut nach Gehör spielen, wenn es auf eine lustige, unterhaltsame Weise unterrichtet wird. Viele Erwachsene, die ein Leben lang klassische Musik gespielt haben, haben jedoch oft Angst davor, nach Gehör zu spielen. Dennoch sind sie oft viel besser darin, als sie es sich je vorstellen konnten. Der Schlüssel zum Erfolg ist, in kleinen Schritten zu lernen und den Ohren Zeit zu geben, sich zu entwickeln. Nur sehr wenige Menschen können die Beispiele in diesem Buch auf Anhieb perfekt spielen, also entspanne dich und erlaube dir, Fehler zu machen.

In diesem Kapitel werden wir lernen, nach Gehör zu improvisieren (Melodien zu erfinden). Wir beginnen mit nur einer Tonhöhe und fügen in jeder Übung eine Note hinzu, bis wir eine übliche fünfstufige Tonleiter spielen, die als „Moll-Pentatonik" bezeichnet wird, und ein wichtiger Klang in der Jazz-, Blues- und Rockmusik ist. Wir werden für das gesamte Buch die gleiche Moll-Pentatonik-Skala verwenden und du wirst lernen, wie man Soli improvisiert und damit eigene Melodien komponiert.

Die folgenden Übungen basieren auf einer gängigen Praxis, die als *Call and Response* bezeichnet wird. Man wird dir sagen, welche Noten du spielen sollst, aber du musst den Rhythmus und die Reihenfolge der Noten nach Gehör herausfinden.

Jetzt musst du auf die Audiodateien zurückgreifen, also stelle sicher, dass du sie von www.fundamental-changes.com heruntergeladen hast.

Improvisation mit einer Note

Für die ersten beiden Übungen wirst du nur eine Note (G) verwenden. Du kannst es in jeder Oktave spielen.

Die *Response*

Im Audio-Beispiel 1a hörst du vier Schläge Einzählen, dann eine zweitaktige Phrase (das ist der *Call*), gefolgt von zwei Takten Pause. Du sollst während der zwei Takte Pause spielen. Versuche, den *Call* genau zu kopieren und im Takt der Rhythmusgruppe zu bleiben. Deine Phrase ist die *Response*. Wiederhole dies für jede der acht verschiedenen Phrasen auf dem Track.

Der *Call*

Verwende nun das Audio-Beispiel 1b, um die Improvisation deiner eigenen zweitaktigen Phrasen mit der gleichen Note (G) zu üben. Spiele ähnliche Phrasen, wie du sie im vorherigen Beispiel gehört hast. Behalte die gleiche Struktur bei, indem du zwei Takte lang spielst und dann zwei Takte lang pausierst. Du spielst jetzt den *Call* ab und die Takte mit Pause sind Platzhalter für die imaginäre *Response*. Beginne direkt nach den vier Schlägen Einzählen zu spielen.

Wenn du deine *Calls* improvisierst, versuche, dir die ganze Phrase im Kopf vorzustellen, bevor du sie spielst. Verwende die jeweils zwei Takte Pause, um über deine nächste Phrase nachzudenken. Die Phrase zu hören, bevor du sie spielst, wird dir wirklich mit deinem Timing helfen.

Improvisation mit zwei Noten

Nun fügst du eine weitere Note (Bb) hinzu, die eine kleine Terz über dem G liegt.

Die *Response*

Hör dir auf dem Audiobeispiel 1c jeden zweitaktigen *Call* an und spiele dann die *Response*. Versuche, den *Call* genau zu kopieren und mit dem Track im Takt zu bleiben.

Versuche, den Klang beider Noten während der gesamten Übung im Kopf zu behalten. Dies hilft dir, die verschiedenen Tonhöhen zu identifizieren, wenn du sie hörst. Der Backing-Track ist in der Tonart G, wenn man also G spielt, sollte man sich wie *zu Hause* fühlen.

Der *Call*

Benutze wieder das Audio-Beispiel 1b, um einige *Calls* mit diesen beiden Noten zu improvisieren. Behalte die gleiche Struktur bei, indem du zwei Takte lang spielst und dann zwei Takte lang pausierst. Versuche, deine nächste Phrase *zu hören*, bevor du sie spielst. Beginne sofort nach den vier Schlägen Einzählen zu spielen.

Improvisation mit drei Noten

Nun fügst du eine weitere Note (F) hinzu, die einen Ton unterhalb von G liegt. Mit diesen drei Noten (F, G, Bb) kannst du einige sehr vertraut klingende Melodien erzeugen. Du wärst überrascht, wie viele Blues-, Pop- und Folkmelodien mit nur diesen drei Noten geschrieben werden!

Die *Response*

Hör dir im Audio-Beispiel 1d jeden zweitaktigen *Call* an, und spiele dann die gleiche Phrase als *Response* in den beiden übrigen Takten. Es ist jetzt etwas schwieriger. Versuche, die unterschiedliche *Qualität* jeder Note zu hören, damit du sie individuell erkennen kannst.

Verwende das G als Markierungspunkt. G sollte sich immer noch wie *zu Hause* anfühlen, wobei Bb und F so klingen, als ob sie auf beiden Seiten daneben stehen.

Der *Call*

Benutze nun wieder das Audio-Beispiel 1b, um einige *Calls* mit diesen drei Noten zu improvisieren. Spiele ähnliche Phrasen, wie du sie in Beispiel 1d gehört hast. Auch hier behältst du die Struktur bei, indem du zwei Takte spielst, dann zwei Takte pausierst und versuchst, deine nächste Phrase *zu hören*, bevor du sie spielst. Beginne sofort nach den vier Schlägen Einzählen zu spielen.

Improvisation mit vier Noten

Jetzt fügst du eine weitere Note (D) hinzu, die eine reine Quinte über dem G liegt. Das D hebt sich von den anderen drei Noten ab, weil es viel höher ist, aber es hilft auch, die ursprüngliche Note (G) als *zu Hause* zu bestätigen. Spiele jetzt das G und D auf deinem Instrument. Hör dir an, wie sie zusammen klingen. Das Intervall einer reinen Quinte ist recht ausgeprägt und wird in vielen Musikstilen oft gehört.

Das Erkennen des Klangs verschiedener Intervalle ist beim Spielen nach dem Gehör sehr nützlich. Singe die ersten beiden Töne von *Twinkle, Twinkle, Little Star* laut, und du wirst eine reine Quinte singen. Mit den ersten beiden Noten einer bekannten Melodie kannst du ein bestimmtes Intervall leicht erkennen und dich daran erinnern.

Die Verwendung von vier Noten ist viel schwieriger, also keine Sorge, wenn du ein paar Fehler machst. Es wird Zeit brauchen, diese Fähigkeiten zu entwickeln, aber so zu üben, wird dir beim Improvisieren helfen. Du musst nicht alle vier Noten in jeder Phrase verwenden. Du hast jetzt einfach mehr Auswahl.

Die *Response*

Hör dir im Audio-Beispiel 1e jede zweitaktige Phrase an und spiele dann die gleiche Phrase als *Response* in den beiden übrigen Takten ab. Inzwischen solltest du mit den ersten drei Noten ziemlich vertraut sein, so dass diese zusätzliche Note (D) herausstechen sollte. Es wird wahrscheinlich ein paar Versuche dauern, bis du alle acht Sätze richtig spielst, aber das ist in Ordnung und auch zu erwarten.

Der *Call*

Benutze nun wieder das Audio-Beispiel 1b, um einige *Calls* mit diesen vier Noten zu improvisieren. Denk daran, dass du nicht alle vier Noten in jeder Phrase verwenden musst. Probiere zunächst einige verschiedene Kombinationen von zwei oder drei Noten aus.

Improvisation mit fünf Noten

Jetzt fügst du die letzte Note (C) hinzu, die eine reine Quarte vom G entfernt ist. Singe die ersten beiden Noten von *Here Comes The Bride* laut, und du wirst eine reine Quarte singen. Spiele jetzt das G und C auf deinem Instrument. Spiele nun das G und D. Höre die unterschiedliche Qualität oder den unterschiedlichen *Geschmack* dieser beiden Intervalle. Versuche, dir diesen Unterschied zu merken, wenn du die letzten beiden Übungen machst.

Die *Response*

Hör dir im Audio-Beispiel 1f jede zweitaktige Phrase an und spiele dann die gleiche Phrase als *Response* in den beiden übrigen Takten. Hör auf das C und das D und versuche, sie einzeln zu identifizieren. Wenn dir das zu schwerfällt, mach dir keine Sorgen, gehe einfach zurück und übe noch ein wenig an den vorherigen Übungen. Wenn du die ersten vier Noten sicher identifizieren kannst, wird die letzte viel leichter zu erkennen sein.

Der *Call*

Zuletzt verwendest du das Audio-Beispiel 1b, um einige *Calls* mit diesen fünf Noten zu improvisieren. Du musst nicht alle fünf Noten in jeder Phrase verwenden. Beginne mit einigen verschiedenen Drei-Noten-Kombinationen und füge dann im weiteren Verlauf die anderen Noten hinzu. Vermeide beim Improvisieren immer, mit *den Fingern herum zu klimpern* und zu sehen, was herauskommt! Halte es einfach. Einfache Phrasen können großartig klingen, wenn sie mit Selbstvertrauen gespielt werden, und das *Hören* der Phrase vor dem Spielen gibt dir dieses Selbstvertrauen. Eine große Regel, die man befolgen muss, ist...

Höre, was du spielst und spiele, was du hörst

Du musst nicht alles in Kapitel Eins komplett beherrschen, bevor du weitermachst - dies sind Aufwärmübungen und etwas, auf das du zurückkommen kannst. Aber, wenn du alle acht Phrasen aus Beispiel 1f richtig spielen kannst und deine eigenen Melodien mit allen fünf Noten improvisiert hast, machst du das wirklich gut und hast einige großartige Grundsteine für den Rest des Buches gesetzt.

Kapitel Zwei - Schritt Zwei: Die Moll-Pentatonik

Nimmt man die fünf Noten, die man in Kapitel Eins gelernt hat, und ordnet sie in der folgenden Reihenfolge neu an, so entsteht die g-Moll-Pentatonik.

Beispiel 2a:

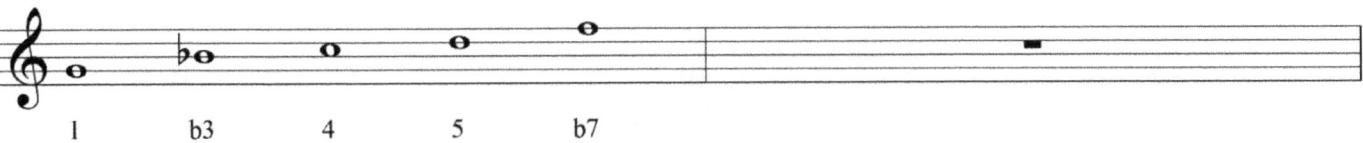

Eine Pentatonik ist eine Tonleiter, die fünf (griechisch: *penta*) Töne enthält, es gibt also viele verschiedene Arten von pentatonischen Tonleitern. In der Praxis würden sich die meisten Musiker jedoch immer nur auf eine pentatonische *Dur*- oder *Moll*-Tonleiter beziehen. Für die Zwecke dieses Buches werden wir nur die g-Moll-Pentatonik verwenden, daher musst du dir diese fünf Noten merken.

Die Moll-Pentatonik ist eine großartige Tonleiter, die man bei der Erstellung von Melodien verwenden kann, weil sie eine ausgewogene Mischung aus Schritten und Sprüngen eingebaut hat. Wenn man mit einer standardmäßigen Tonleiter mit sieben Noten (wie der Dur-Tonleiter) improvisiert, hat man am Ende möglicherweise zu viel schrittweise Bewegung und nicht viel Form in der Melodie. Wenn man mit Akkordtönen (Arpeggios) improvisiert, erhält man am Ende sehr kantige Phrasen, weil man *alle Sprünge* spielt. Die Verwendung der Moll-Pentatonik löst automatisch diese beiden häufigen Probleme.

Eine ausgezeichnete Möglichkeit, sich die Noten einer beliebigen Tonleiter zu merken, ist die Intervallfolge...

Die Intervallfolge

Beim Erlernen einer neuen Tonleiter ist es hilfreich, über die Intervalle (den Abstand zwischen den Noten) nachzudenken. Jede Tonleiter ist nur eine Folge von Intervallen, wenn du also die Abfolge lernst, dann kannst du die Tonleiter in jeder Tonart spielen, du musst nur auf einer anderen Note beginnen.

Die Intervallfolge für die g-Moll-Pentatonik ist:

G (kleine Terz) **Bb** (Ganzton) **C** (Ganzton) **D** (kleine Terz) **F** (Ganzton) **G**

Wenn du die Moll-Pentatonik in eine andere Tonart transponieren willst, spiele einfach die gleiche Intervallsequenz, die auf einer anderen Note beginnt. Zum Beispiel ist die c-Moll-Pentatonik:

C (kleine Terz) **Eb** (Ganzton) **F** (Ganzton) **G** (kleine Terz) **Bb** (Ganzton) **C**

Beachte, dass die Reihenfolge der Intervalle für beide Tonleitern gleich ist.

Die Bluestonleiter

Es gibt noch eine andere Tonleiter, die du vielleicht schon kennst, die der g-Moll-Pentatonik sehr ähnlich ist. Fügt man ein C# (#4) hinzu, so erhält man die G-Bluestonleiter.

Beispiel 2b:

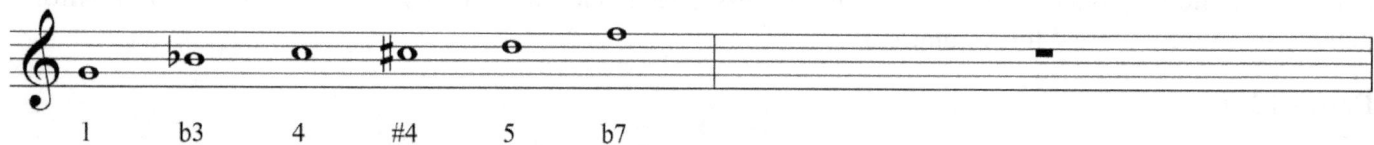

Es lohnt sich, sich das zu merken, da die #4 in einer Bluestonleiter keine wirkliche harmonische Funktion hat und als *Durchgangston* fungiert. Sie wird auch als *Blue Note* bezeichnet. Da die #4 harmonisch gesehen ein so unbedeutender Ton ist, bedeutet dies, dass die Moll-Pentatonik und die Bluestonleiter austauschbar sind. Es gibt viele andere Bücher, die über die Bluestonleiter und ihre Anwendung geschrieben wurden, daher werde ich hier nicht näher darauf eingehen. Es genügt zu sagen, dass man dort, wo man das eine benutzen kann, auch das andere benutzen kann.

Kapitel Drei - Schritt Drei: Tonleiter-Patterns

Tonleitern sind eine große Ressource und etwas, das alle Musiker regelmäßig üben sollten. Die traditionelle Methode, Tonleitern zu üben, auf und ab von Grundton zu Grundton, ist jedoch keine große Hilfe, wenn es darum geht, zu improvisieren. Das Problem ist, dass du die Noten nur in einer bestimmten Sequenz lernst. Durch wiederholtes Üben wird diese eine Sequenz dann zur festen Gewohnheit.

Wenn du improvisierst, musst du dich wohl fühlen, wenn du dich von einem beliebigen Ton der Tonleiter zu einem anderen Ton der Tonleiter bewegst. Wenn du nur die Noten in einer bestimmten Sequenz geübt hast, schränkst du dich wirklich ein. Das Üben von Tonleiter-Patterns wird dich von dieser Gewohnheit befreien und dir helfen, deine Tonleitern *aufzuschließen*.

Es gibt so viele verschiedene Tonleiter-Patterns, angefangen bei jedem Ton der Tonleiter, dass es unmöglich wäre, sie alle in diesem Buch zu berücksichtigen. Was ich hier bereitgestellt habe, sind einige Beispiele, um das Konzept zu demonstrieren. Dieses Kapitel enthält acht Tonleiter-Patterns, plus vier weitere, die Kombinationen der ersten acht Patterns sind, wodurch du zwölf verschiedene Tonleiter-Patterns zum Üben bekommst. Du solltest dir auch selbst etwas ausdenken.

Aufgrund der Mischung aus Sprüngen und Stufen in der Moll-Pentatonik (wie in Kapitel Zwei besprochen) enthalten diese Tonleiter-Patterns unregelmäßige Intervalle. Die sich daraus ergebende Kombination von Sprüngen und Schritten kann anfangs herausfordernd sein, wird aber später von großem Nutzen sein. Sie erfordern, dass dein Gehirn beim Üben voll beschäftigt ist, und das ist immer eine gute Sache!

Übungen für Tonleiter-Patterns

Beginne bei jeder der folgenden Übungen damit, sie langsam und ohne den Backing-Track zu spielen. Vergewissere dich, dass du die Tonfolge (das Pattern) in Bezug auf die Tonleiter verstehst, die vor jeder Übung erklärt wird. Spiele dann das Stück im langsamsten Tempo mit. Hör dir den Titel während der Wiedergabe an, um deine Genauigkeit zu überprüfen. Wenn du die ganze Übung viermal fehlerfrei spielen kannst, gehe zum nächsten Tempo über. Es gibt fünf Tempi für jede Übung.

Wenn du diese Übungen übst, versuche, an jede Note anhand ihrer Nummer (Stufe der Tonleiter) und nicht anhand ihres Buchstabens zu denken. Natürlich musst du die Buchstaben kennen, um sie auf deinem Instrument spielen zu können, aber das Denken in Zahlen wird später von Vorteil sein, wenn du in anderen Tonarten spielen musst. Die Zahlen sind unter alle Noten geschrieben, um dir zu helfen.

Diese Beispiele verwenden alle die g-Moll-Tonart, also Vorsicht vor dem Bb!

Das erste Pattern bewegt sich in der Tonleiter zwei Noten nach oben, dann eine zurück. Es beginnt mit dem Grundton.

Beispiel 3a: 60 bpm, 90 bpm, 120 bpm, 150 bpm, 180 bpm.

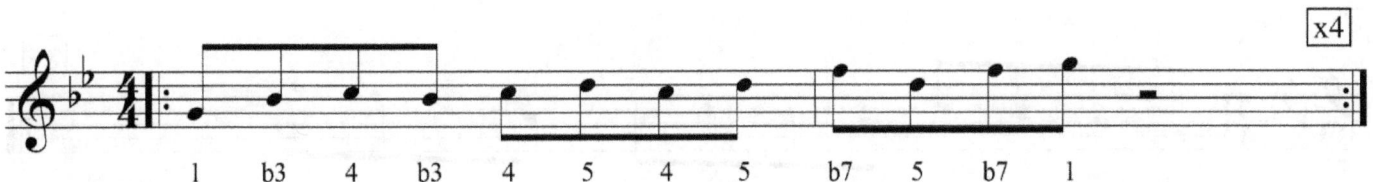

Das nächste Pattern bewegt sich zwei Noten in der Tonleiter nach unten, dann eine Note zurück. Es beginnt mit dem Grundton.

Beispiel 3b: 60 bpm, 90 bpm, 120 bpm, 150 bpm, 180 bpm.

Das nächste Pattern bewegt sich in der Tonleiter nach oben, wobei eine Note übersprungen wird, dann wieder zurück. Es beginnt auf der dritten Stufe.

Beispiel 3c: 60 bpm, 90 bpm, 120 bpm, 150 bpm, 180 bpm.

Das nächste Pattern bewegt sich in der Tonleiter nach unten, wobei eine Note übersprungen wird, dann wieder zurück. Es beginnt auf der fünften Stufe.

Beispiel 3d: 60 bpm, 90 bpm, 120 bpm, 150 bpm, 180 bpm.

Das nächste Pattern bewegt sich in der Tonleiter drei Noten nach oben, dann zwei Noten zurück. Es beginnt auf dem Grundton.

Beispiel 3e: 60 bpm, 90 bpm, 120 bpm, 150 bpm, 180 bpm.

Das nächste Pattern bewegt sich drei Noten nach unten, dann zwei Noten zurück. Es beginnt auf der dritten Stufe.

Beispiel 3f: 60 bpm, 90 bpm, 120 bpm, 150 bpm, 180 bpm.

Das nächste Pattern bewegt sich auf der Tonleiter nach oben, überspringt eine Note, überspringt eine weitere Note und beginnt dann wieder bei der nächsten Note der Tonleiter. Es gibt viele Quarten, die ungewohnt sein können. Es beginnt auf dem Grundton.

Beispiel 3g: 60 bpm, 90 bpm, 120 bpm, 150 bpm, 180 bpm.

Das nächste Pattern bewegt sich in der Tonleiter nach unten, überspringt eine Note, überspringt eine weitere Note und beginnt dann wieder bei der nächsten Note der Tonleiter. Es gibt viele Quarten, die ungewohnt sein können. Es beginnt auf dem Grundton.

Beispiel 3h: 60 bpm, 90 bpm, 120 bpm, 150 bpm, 180 bpm.

Kombinieren von Tonleiter-Patterns

Das nächste Pattern kombiniert den ersten Takt aus Beispiel 3b und den zweiten Takt aus Beispiel 3a.

Beispiel 3i: 60 bpm, 90 bpm, 120 bpm, 150 bpm, 180 bpm.

Das nächste Pattern kombiniert den ersten Takt aus Beispiel 3c und den zweiten Takt aus Beispiel 3d.

Beispiel 3j: 60 bpm, 90 bpm, 120 bpm, 150 bpm, 180 bpm.

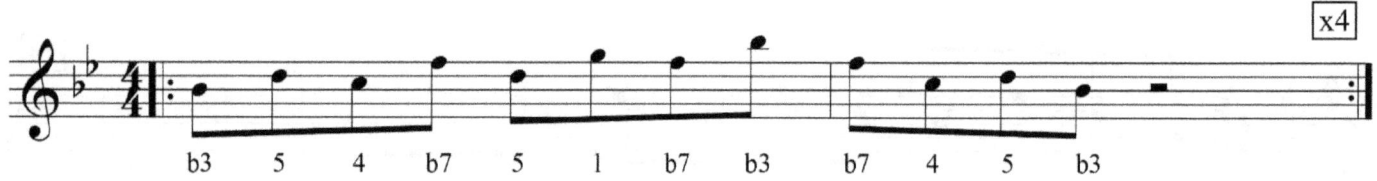

Das nächste Pattern kombiniert die ersten beiden Schläge von Beispiel 3e und den Rest von Beispiel 3f.

Beispiel 3k: 60 bpm, 90 bpm, 120 bpm, 150 bpm, 180 bpm.

Das nächste Pattern kombiniert die ersten drei Schläge von Beispiel 3h und den Rest von Beispiel 3g.

Beispiel 3l: 60 bpm, 90 bpm, 120 bpm, 150 bpm, 180 bpm.

Wie du sehen kannst, sind die Möglichkeiten endlos. Vergiss nicht, dir deine eigenen Tonleiter-Patterns zu erstellen und hab Spaß daran, diese ebenfalls zu erforschen.

Der Zweck dieser Übungen ist es, die alte Gewohnheit, nur auf und ab zu spielen, von Grundton zu Grundton, zu durchbrechen. Das Üben von Tonleiter-Patterns hilft dir, deine Tonleitern *aufzuschließen*.

Diese Übungen sind so geschrieben, dass sie in einen bequemen Bereich auf deinem Instrument fallen, aber du solltest auch üben, die gleichen Patterns über den gesamten Bereich deines Instruments zu erweitern.

Kapitel Vier - Schritt Vier: Rhythmische Phrasierung

Mittlerweile solltest du dich mit der g-Moll Pentatonik ziemlich sicher fühlen. Du solltest alle Töne der Tonleiter in verschiedenen Oktaven kennen, ohne dir zu sehr darüber Gedanken machen zu müssen.

Im vorigen Kapitel ging es um die Tonhöhe, und in diesem Kapitel geht es um den Rhythmus.

In diesem Kapitel lernst du einige grundlegende rhythmische Phrasen kennen, die du im nächsten Abschnitt zur Erstellung von Melodien verwenden wirst. Das Auswendiglernen dieser verschiedenen Rhythmen wird dir auch die Bausteine für deine späteren improvisierten Soli liefern. Wenn man eine neue Sprache lernt, beginnt man normalerweise mit dem Erlernen von Standardsätzen. Diese Methode funktioniert auch beim Erlernen der Improvisation gut, da sie dir eine musikalische Sprache vermittelt, die du sofort anwenden kannst.

Hier sind sechzehn verschiedene rhythmische Phrasen enthalten, die du lernen kannst. Während du jede einzelne übst, versuche, die ganze Phrase in deinem Kopf zu hören, *bevor* du sie spielst.

Du musst sie nicht alle auswendig lernen, bevor du mit dem Buch weitermachst. Du kannst eine Phrase nehmen und sie lernen, sie durch den Rest des Buches anwenden und dann zurückkommen und das Gleiche mit der nächsten tun. Du kannst die Phrasen auch in beliebiger Reihenfolge üben.

Aber bevor du mit der Arbeit an den rhythmischen Phrasen beginnst, lass uns einen kurzen Blick auf die *Swing-Achtelnoten* werfen...

Swing-Achtelnoten vs. gerade Achtelnoten

Wir benutzen manchmal Abkürzungen, wenn wir Musik schreiben. Es gibt bestimmte Konventionen und Protokolle, die sich über viele Jahre entwickelt haben. Beim Spiel vom Blatt (bei der Verwendung von Notationen, um Musik vorzutragen, die du nicht kennst) ist es im Allgemeinen vorzuziehen, wenn weniger Tinte auf der Seite ist. Je weniger es zu sehen gibt, desto schneller kann dein Gehirn es verarbeiten.

Swing-Achtelnoten entstehen, wenn du die erste und letzte Note einer Achtel-Triole spielst. Traditionell wird dies in einer zusammengesetzten Taktart wie 12/8 geschrieben (Beispiel 4a) oder als einzelne Triolen in einer einfachen Taktart wie 4/4 notiert (Beispiel 4b). Beide Methoden verbrauchen jedoch viel Tinte.

Eine Lösung ist es, die Achtelnoten als gerade Achtelnoten zu notieren (Beispiel 4c), aber *Swing* oder *Swing-Achtelnoten* über den Part zu schreiben. Diese Angabe weist den Spieler an, den rhythmischen Wert der Noten anzupassen und die zweite Achtelnote jedes Schlags so zu spielen, als wäre es die letzte Note der Achtel-Triole, was eine *Swing*-Achtelnote ist. Mit ein wenig Übung wird dies recht einfach. Die Verwendung dieser Notationsmethode bedeutet, dass es weniger Tinte auf der Seite gibt und dein Gehirn die Informationen viel schneller verarbeiten kann.

Beispiel 4a:

Beispiel 4b:

Beispiel 4c:

Rhythmische Phrasen

Beginne bei jedem der folgenden Beispiele mit dem Klatschen des Rhythmus. Mach dies einige Male, bis du die ganzen zwei Takte als eine komplette rhythmische Phrase hören kannst. Wenn zu viele Noten zu verarbeiten sind, versuche, die Phrase in kleinere Segmente zu zerlegen. Arbeiten einzeln an den Segmenten und füge sie dann wieder zusammen.

Natürlich wird es viel einfacher sein, den Rhythmus zu hören, der für dich gespielt wird, aber das wird dein Notenlesen nicht verbessern. Also, *bevor* du dir den Track anhörst, schau, ob du es selbst herausfinden kannst. Verwende dann die Audiodatei, um deine Genauigkeit zu überprüfen.

Wenn du es viermal richtig mit dem Track klatschen kannst, dann spiele es viermal auf deinem Instrument mit nur einem Ton (G).

Die folgenden Beispiele verwenden alle *Swing*-Achtelnoten.

Beispiel 4d:

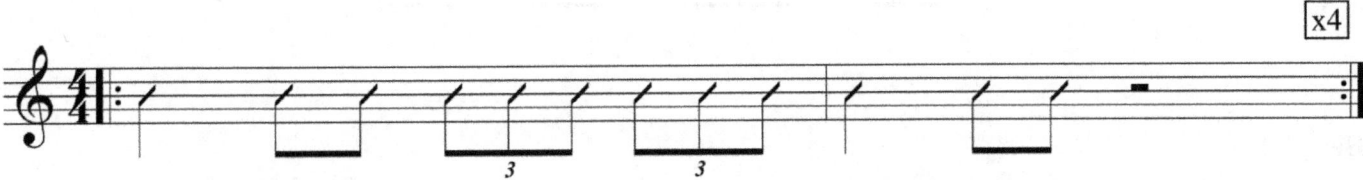

Beispiel 4e:

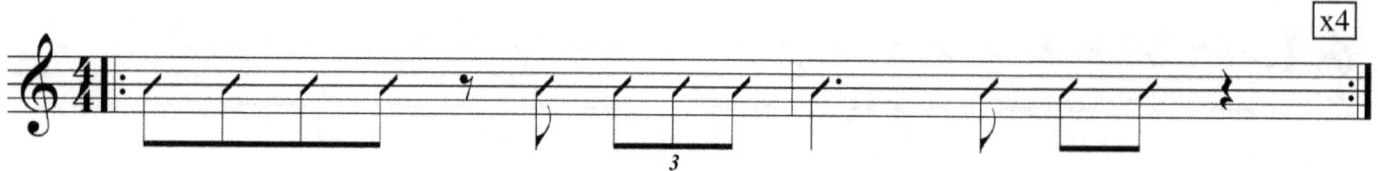

Beispiel 4f:

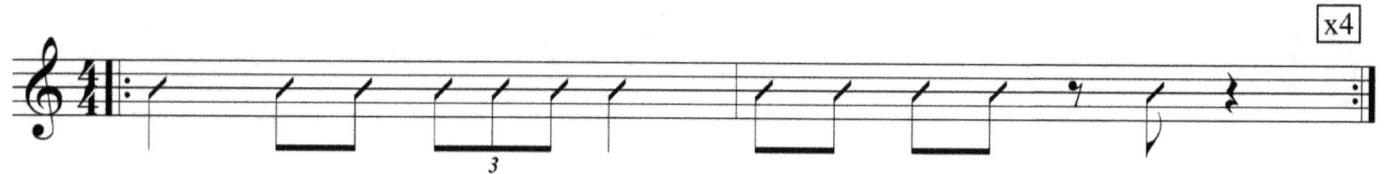

Beispiel 4g:

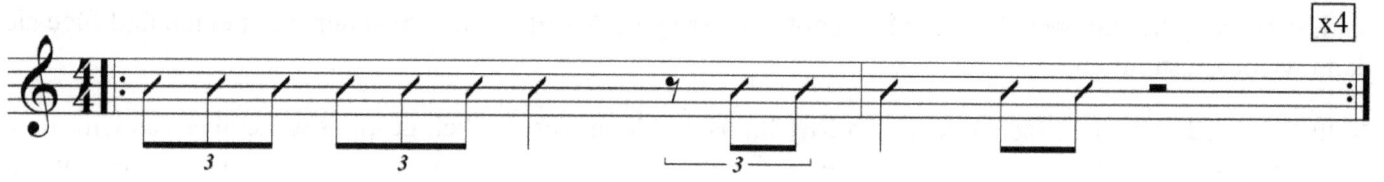

Beispiel 4h:

Beispiel 4i:

Beispiel 4j:

Beispiel 4k:

Die folgenden Beispiele verwenden alle *gerade* Achtelnoten.

Beispiel 4l:

Beispiel 4m:

Beispiel 4n:

Beispiel 4o:

Beispiel 4p:

Beispiel 4q:

Beispiel 4r:

Beispiel 4s:

Kapitel Fünf - Schritt Fünf: Melodien erstellen

Nun wirst du die in Kapitel drei gelernten Tonleiter-Patterns mit den in Kapitel vier gelernten rhythmischen Phrasen kombinieren und einige zweitaktige Melodien erzeugen. Einige Melodien werden besser klingen als andere, aber mach dir in dieser Phase nicht zu viel Gedanken, das sind alles nur vorbereitende Übungen. Konzentriere dich auf den Prozess und mach dir noch keine Sorgen über das Ergebnis. Du entwickelst die Fähigkeiten, die nötig sind, um später im Buch eigene großartige Melodien zu improvisieren.

Die Audiodateien werden dir zum Üben zur Verfügung gestellt. Nach dem Einzählen wird jede Melodie viermal gespielt. Wenn du sie mit dem Track zusammen viermal hintereinander fehlerfrei spielen kannst, dann geh zur nächsten über.

Rhythmische Phrasen auf Tonleiter-Patterns anwenden

Für die nächsten Übungen wirst du das gleiche Tonleiter-Pattern verwenden und verschiedene Rhythmen auf diese Tonfolge anwenden. In diesem Buch ist kein Platz dafür, um alle möglichen Kombinationen zu notieren. Wir stellen dir einige Beispiele zur Verfügung, um dir den Prozess zu zeigen. Die restlichen Kombinationen solltest du selbstständig durcharbeiten.

Zur Erinnerung: Geh zurück und spiele Beispiel 3a ein paar Mal durch. Geh nun zurück und klatsche Beispiel 4d ein paar Mal. Wenn du dieses Tonleiter-Pattern mit dieser rhythmischen Phrase kombinierst, erzeugst du die folgende Melodie.

Beispiel 5a:

Bei Beibehaltung des gleichen Tonleiter-Patterns (3a), aber Anwendung der rhythmischen Phrase 4e entsteht die folgende Melodie. Klatsche den Rhythmus, bevor du die Phrase spielst. Geh zurück und hör dir Beispiel 4e an, wenn du den Rhythmus überprüfen willst.

Beispiel 5b:

Bei Beibehaltung des gleichen Tonleiter-Patterns (3a), aber Anwendung der rhythmischen Phrase 4f entsteht die folgende Melodie.

Beispiel 5c:

Bei Beibehaltung des gleichen Tonleiter-Patterns (3a), aber Anwendung der rhythmischen Phrase 4g entsteht die folgende Melodie.

Beispiel 5d:

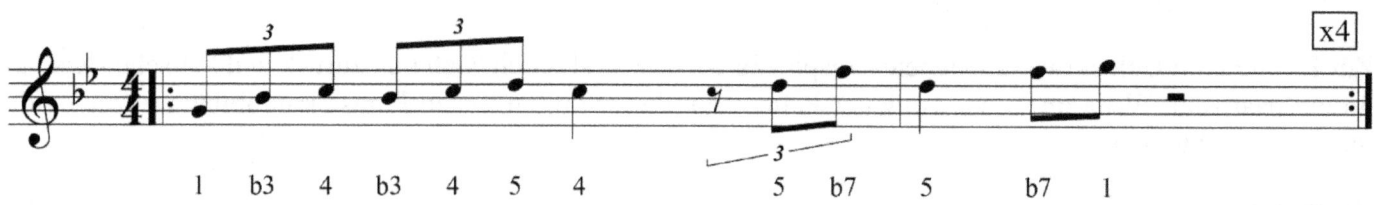

Inzwischen solltest du eine Vorstellung davon bekommen, wie dieser Prozess funktioniert. Bleib bei diesem einen Tonleiter-Pattern und arbeite es durch die restlichen zwölf rhythmischen Phrasen, dann machst du alles noch einmal mit einem anderen Tonleiter-Patterns. Dies wird einige Zeit in Anspruch nehmen und ist nicht dafür gedacht, alles in einer Session zu machen! Mach dir eine Liste der verschiedenen Kombinationen und hake sie ab, während du sie durcharbeitest.

Anwenden von Tonleiter-Patterns auf rhythmische Phrasen

Für die nächsten Übungen wirst du den gleichen Rhythmus verwenden und verschiedene Tonleiter-Patterns darauf anwenden. Auch hier ist in diesem Buch nicht genug Platz, um alle möglichen Kombinationen zu notieren. Was hier zur Verfügung gestellt wird, sind einige Beispiele, um dir den Prozess zu zeigen. Die restlichen Kombinationen solltest du selbstständig durcharbeiten.

Zur Erinnerung: Geh zurück und klatsche ein paar Mal Beispiel 4l. Gehe nun zurück und spiele Beispiel 3e ein paar Mal durch. Kombiniert man diesen Rhythmus mit diesem Tonleiter-Pattern, so entsteht die folgende Melodie.

Beispiel 5e:

Wenn man den gleichen Rhythmus (4l) beibehält, aber das Tonleiter-Pattern 3f anwendet, entsteht die folgende Melodie.

Beispiel 5f:

Wenn man den gleichen Rhythmus (4l) beibehält, aber das Tonleiter-Pattern 3g anwendet, entsteht die folgende Melodie.

Beispiel 5g:

Wenn man den gleichen Rhythmus (4l) beibehält, aber das Tonleiter-Pattern 3h anwendet, entsteht die folgende Melodie.

Beispiel 5h:

Inzwischen solltest du eine Vorstellung davon bekommen, wie dieser Prozess funktioniert. Bleib bei diesem einen Rhythmus und arbeite ihn durch die restlichen acht Tonleiter-Patterns, dann machst du das Ganze noch einmal mit einer anderen rhythmischen Phrase. Dies wird einige Zeit in Anspruch nehmen und ist nicht dafür gedacht, alles in einer Session zu machen! Mach dir wie bisher eine Liste der verschiedenen Kombinationen und hake diese beim Durcharbeiten ab.

Malen nach Zahlen

Die Kombination aller zwölf Tonleiter-Patterns mit allen sechzehn rhythmischen Phrasen ergibt einhundertzweiundneunzig verschiedene zweitaktige Melodien, die auf einer g-Moll-Pentatonik basieren. Wenn man diesen Prozess über alle zwölf Tonarten anwenden würde, dann würde man zweitausenddreihundertvier Melodien erzeugen. Das würde eine gewisse Zeit dauern, um es durchzuarbeiten! Alles durch alle 12 Tonarten zu üben ist ein langfristiges Ziel und nicht etwas, mit dem man sich zu sehr beschäftigen sollte. Aber es ist wichtig, das Gelernte zu transponieren, also fang zuerst mit einigen der gebräuchlicheren Tonarten an.

Dieser „*Malen nach Zahlen*"-Ansatz mag sich für manche ein wenig vorschreibend anfühlen, aber es geht wirklich darum, einen Prozess zu entwickeln. Du musst nicht jedes Beispiel in diesem Buch vervollständigen, bevor du anfängst, deine eigenen Melodien zu erfinden. Arbeite einfach jeden Tag an ein paar dieser Übungen, dann verbringst du etwas Zeit damit, auch eigene Ideen zu entwickeln.

Wenn du so methodisch und gründlich arbeitest, wirst du die Kontrolle über dein Spiel erhöhen, und das ist das Ziel. Diese Übungen werden dir helfen, zu hören, was du spielst, und zu spielen, was du hörst, anstatt nur wahllos mit den Fingern zu klimpern und zu sehen, was herauskommt. Sie helfen, deine Ideen zu verdeutlichen und deine Phrasierung zu verbessern, wodurch dein Solo für den Zuhörer viel angenehmer wird.

Bei regelmäßiger Praxis wird dies mit der Zeit zu einem automatischen Prozess. Durch das Vorprogrammieren unbewusst *guter* Gewohnheiten können die großen Improvisatoren solche fantastischen Soli aus dem Stegreif spielen.

Kapitel Sechs - Schritt Sechs: Phrasierung von Frage und Antwort

Bisher waren alle Melodien, die du geschaffen hast, zwei Takte lang. Jetzt wirst du eine einfache und universelle Technik zur Erstellung längerer musikalischer Phrasen verwenden. Komponisten verwenden diese Methode oft, wenn sie populäre Melodien schreiben, aber du wirst es in *Echtzeit* tun, während du improvisierst.

Du wirst zwei deiner vorherigen Phrasen zu einem viertaktigen musikalischen *Satz* kombinieren. Dieser Satz wird eine *Frage-* und eine *Antwort*-Phrase enthalten. Aber zuerst wirst du an jeder Phrase einzeln arbeiten...

Improvisation von Frage-Phrasen

Wenn du eine Frage stellst, hebst du normalerweise deine Stimme am Ende des Satzes, um anzuzeigen, dass du noch nicht mit dem fertig bist, was du sagen möchtest. Du wirst dasselbe mit musikalischen Frage-Phrasen tun, aber anstatt in der Tonhöhe zu steigen, wirst du einfach vermeiden, deine Phrase auf der 1. Stufe (G) zu beenden. In der Musik bezeichnen wir dies als *nicht aufgelöst*.

Hör dir die Beispiele für Frage-Phrasen auf Audio-Beispiel 6a an und höre, wie sie *nicht aufgelöst* klingen. All diese Melodien vermeiden es, auf G zu landen. Es ist eine subtile, aber effektive Art, den Zuhörer zu verführen.

Verwende nun das Audio-Beispiel 6b, um das Erstellen einiger eigener Frage-Phrasen zu üben. Improvisiere zweitaktige Melodien mit den Fähigkeiten, die du in den vorherigen Kapiteln gelernt hast, vermeide einfach, deine Phrase auf 1 (G) zu beenden.

Die Begleitmusik ist ein Vamp auf G7, so dass die g-Moll-Pentatonik darüber hervorragend funktionieren wird. Spiele zwei Takte lang und pausiere dann zwei Takte lang.

Beispiel 6b:

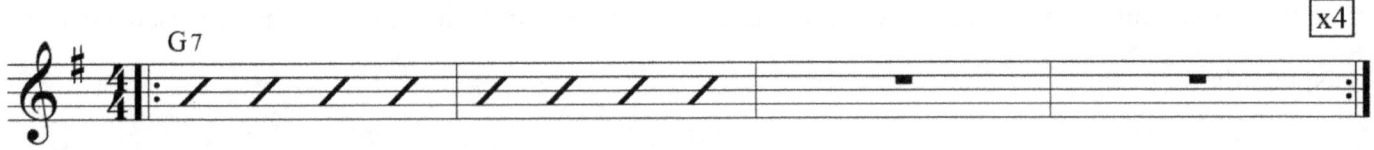

Improvisation von Antwort-Phrasen

Wenn du eine Frage beantwortest, senkst du normalerweise deine Stimme am Ende des Satzes, um anzuzeigen, dass du mit dem Gesagten fertig bist. Du wirst dasselbe mit musikalischen Antwort-Phrasen tun, aber anstatt in der Tonhöhe nach unten zu gehen, wirst du deine Phrase einfach auf der 1. Stufe (G) beenden. In der Musik bezeichnen wir dies als *aufgelöst*.

Hör dir die Beispiele von Antwort-Phrasen auf Audio-Beispiel 6c an und höre, wie sie *aufgelöst* klingen. Alle diese Melodien landen auf G. Das gibt der Phrase ein Gefühl der Endgültigkeit und sagt dem Zuhörer auf subtile Weise, dass die musikalische Idee vollständig ist.

Verwende nun wieder das Audio-Beispiel 6b, um das Erstellen einiger eigener Antwortphrasen zu üben. Improvisiere zweitaktige Melodien mit den Fähigkeiten, die du in den vorhergehenden Kapiteln gelernt hast, stelle nur sicher, dass deine Phrase auf der 1. Stufe (G) endet.

Auch hier ist die Begleitmusik ein Vamp auf G7, so dass die g-Moll-Pentatonik darüber hervorragend funktionieren wird. Spiele zwei Takte lang, dann pausiere zwei Takte lang.

Beispiel 6b:

Der musikalische Satz

Jetzt wirst du die Frage- und Antwort-Phrasen zu einem viertaktigen musikalischen Satz zusammensetzen, aber es gibt einen wichtigen Faktor, den du berücksichtigen musst. Der Satz muss einen Sinn ergeben. Deine Frage und deine Antwort müssen so klingen, als ob sie zusammengehören. Du musst ein musikalisches Äquivalent zum Folgenden vermeiden...

„Wie spät ist es? Wir waren zu elft."

Dieser Satz enthält eine Frage und eine Antwort, aber sie gehören eindeutig nicht zusammen!

Die Lösung ist, für beide Phrasen den gleichen oder einen ähnlichen Rhythmus zu verwenden. Die Wiederholung klarer rhythmischer Phrasen, wie du sie in Kapitel Vier gelernt hast, hilft, den musikalischen Satz zusammenzuhalten.

Das folgende Beispiel zeigt eine zweitaktige Frage gefolgt von einer zweitaktigen Antwort, die zusammengehören. Beide Phrasen beginnen mit der gleichen Idee und verwenden praktisch den gleichen Rhythmus, mit einem leicht unterschiedlichen Ende. Die Frage ist nicht aufgelöst, und die Antwort ist aufgelöst. Das Einfügen einiger Töne als Auftakt macht es interessanter, indem die Melodie über die Taktlinie hinaus verlängert wird.

Beispiel 6d:

Verwende nun das Audio-Beispiel 6e, um das Improvisieren viertaktiger musikalischer Sätze zu üben. Spiele eine zweitaktige Frage, unmittelbar gefolgt von einer zweitaktigen Antwort, und verwende ähnliche rhythmische Phrasen, um sie miteinander zu verbinden. Vermeide es, deine Frage auf 1 zu beenden, aber stelle sicher, dass deine Antwort auf 1 endet.

Beispiel 6e:

Verbringe so viel Zeit wie möglich mit dieser speziellen Übung. Du kombinierst all die verschiedenen Fähigkeiten, die du bisher gelernt hast. Das Improvisieren von viertaktigen Frage- und Antwort-Phrasen bildet die Grundlage für all dein Solieren und Komponieren im Rest des Buches.

Die Arbeit an dieser Übung wird dein Unterbewusstsein mit guten Gewohnheiten programmieren. Das Tempo, die Phrasierung und der Rhythmus deiner Soli werden sich verbessern, und du wirst die Kontrolle über dein Spiel gewinnen.

Mit dem musikalischen Satz vermeiden, dass man sich verliert

Das Üben von musikalischen Sätzen wird dir helfen, in viertaktigen Phrasen zu denken und zu hören, was die Standard-Phrasenlänge für praktisch alle Musikstile ist. Die meisten Kompositionen sind mit viertaktigen Phrasen aufgebaut, wenn man also so denkt, während man improvisiert, ist es wahrscheinlicher, dass man mit der Struktur der Melodie Schritt hält.

In viertaktigen Phrasen zu denken, anstatt jeden Takt zu zählen, ist das Äquivalent zum Herauszoomen, was dir einen besseren Überblick über das Stück gibt. Eine solche Herangehensweise ermöglicht es Musikern, sich ganze Melodien effizienter einzuprägen und sich beim Improvisieren nicht zu verlieren.

Wenn wir so etwas wie eine zweiunddreißigtaktige Standardliederform (oft als AABA beschrieben) nehmen, können wir sehen, dass jeder Abschnitt der Musik acht Takte lang ist. Anstatt all diese Takte zu zählen, ist es viel einfacher zu denken...

Zwei Sätze = A-Teil

Zwei Sätze = A-Teil

Zwei Sätze = B-Teil

Zwei Sätze = A-Teil

Oder wenn wir das gleiche Denken auf einen zwölftaktigen Blues anwenden, dann...

Drei Sätze = 12-Takt-Blues

Alle zwölftaktigen Blues-Stücke sind musikalisch und lyrisch um drei Sätze herum aufgebaut. Die Struktur ist immer vier plus vier plus vier, nicht sechs plus sechs oder irgendeine andere Ableitung, also macht es Sinn, so zu denken, wenn man darüber improvisiert.

Das Spielen über einen Vamp mit einem Akkord ist ein weiteres Szenario, bei dem solches Denken hilfreich sein kann. Es mag einfach erscheinen, über einen Abschnitt der Musik zu improvisieren, bei dem sich die Harmonie nicht ändert, aber es ist auch sehr leicht, sich mit so wenig, an dem man sich orientieren kann, zu verlaufen. Das Denken in viertaktigen Phrasen ist eine großartige Möglichkeit, herauszuzoomen und den Überblick über den eigenen Platz in der Musik zu behalten, wenn die Harmonie statisch ist.

Kapitel Sieben - Improvisiere jetzt deine eigenen Soli

Nachdem du alle vorherigen Übungen durchgearbeitet hast, solltest du genug Selbstvertrauen haben, viertaktige Frage- und Antwort-Phrasen in der g-Moll-Pentatonik zu improvisieren, wobei du mit einem beliebigen Ton der Tonleiter beginnen kannst. Du solltest auch den Rhythmus und die Form der Phrasen in deinem Kopf hören, bevor du sie spielst. Dies ist der Schlüssel zum erfolgreichen Solo-Spiel.

Musiker aus verschiedenen Genres verwenden oft die Moll-Pentatonik, wenn sie improvisieren. In diesem Kapitel übst du das Solospiel über Backing-Tracks und lernst, wie die Moll-Pentatonik in verschiedenen musikalischen Umgebungen eingesetzt werden kann.

Einige dieser Stile mögen dir vielleicht ungewohnt vorkommen, also nimm dir Zeit und hör dir den Track ein paar Mal an, ohne dass dazu solierst. Vergewissere dich, dass du der Notation mit dem Track folgen kannst und dass du die Struktur der Musik verstehst, *bevor* du darüber improvisierst.

Wenn man improvisiert, sollte man nicht in Versuchung kommen, wegzuträumen oder mit den Fingern zu klimpern und zu sehen, was herauskommt. Bleib bei der Wiedergabe der gelernten Frage- und Antwort-Phrasen. Konzentriere dich auf den Prozess und mach dir noch nicht zu viele Gedanken über das Ergebnis. Das Ziel ist es, gute Gewohnheiten zu programmieren und die Kontrolle über deine Improvisation zu entwickeln. Versuchen immer folgendes:

Höre, was du spielst und spiele, was du hörst.

Solo auf einem Bossa Nova

Die Bossa Nova-Musik entwickelte sich in den späten 1950er Jahren in Brasilien, wurde aber dank eines Albums von Stan Getz und Joao Gilberto mit dem Namen *Getz/Gilberto* zu einem weltweiten Phänomen. Es gewann 1965 vier Grammys und brachte dieser Musik internationale Aufmerksamkeit und löste das Bossa Nova-Fieber aus, das folgen sollte.

Diese Übung verwendet einen Vamp über einen Akkord, nämlich Gm7. Die g-Moll-Pentatonik funktioniert gut über diesen Akkord, da alle vier Akkordtöne in der Tonleiter enthalten sind. Der einzige Ton in der Tonleiter, der kein Akkord-Ton ist, ist die 4. Stufe (11.), die auch auf einem Moll-Akkord gut klingt.

Beispiel 7a:

Du kannst die g-Moll-Pentatonik auch über Gmi6, Gmi9, Gmi11 oder Gmi13 verwenden.

Der Bossa Nova Rhythmus verwendet gerade Achtelnoten, so dass die geraden rhythmischen Phrasen, die du in der zweiten Hälfte von Kapitel Vier gelernt hast, jetzt nützlich sind.

Improvisiere viertaktige Frage- und Antwortphrasen über Audio-Beispiel 7b. Spiele zuerst vier Takte, dann pausiere vier Takte. Wenn du dies bequem tun kannst, versuche, alle vier Takte zu spielen.

Es gibt drei verschiedene Versionen dieses Audiotracks mit 90 bpm, 120 bpm und 150 bpm. Fang mit dem Langsamsten an und arbeite dich nach oben.

Beispiel 7b:

Solo auf einem Jazz-Swing-Feel

Jazz gibt es seit über 100 Jahren. In dieser Zeit hat er sich viel weiterentwickelt und entwickelt sich auch heute noch weiter. Es gibt so viele verschiedene Jazzstile, die sich so dramatisch unterscheiden, dass es für jeden, der neu in dieser Musik ist, verwirrend sein kann und es schwierig ist, die Verbindungen zu erkennen, die sich über Generationen erstrecken. Aber ein verbindendes Element, das alle Stile des Jazz verbindet, ist das improvisierte Solo, das der ultimative Ausdruck der künstlerischen Freiheit ist.

Die Terminologie des Jazz kann verwirrend sein, weil die gleichen Wörter unterschiedliche Bedeutungen haben können. Im Jazz kann sich der Begriff *Swing* auf den Musikstil großer und kleiner Ensembles in den 1930er Jahren beziehen, der von Künstlern wie Louis Armstrong und Benny Goodman populär gemacht wurde, aber er kann sich auch auf ein besonderes rhythmisches Gefühl beziehen, das im Laufe der Jahrzehnte in vielen verschiedenen Jazzstilen verwendet wurde (siehe *Swing-Achtelnoten vs. gerade Achtelnoten* in Kapitel Vier).

In dieser Übung wird ein Vamp über zwei Akkorde abwechselnd in Gm7 und Fm7 verwendet, und die g-Moll-Pentatonik funktioniert gut über diese beiden Akkorde. Den Gm7-Akkord haben wir bereits behandelt. Das Spielen der g-Moll-Pentatonik über den Fm7-Akkord erzeugt die Intervalle 9, 11, 5, 13 und 1, die alle zur Harmonie passen.

Beispiel 7c:

Hör dir die verschiedenen Klänge der einzelnen Akkorde an und nutze die Akkordfolge, um deinen Platz in der Musik zu behalten. Die Verwendung einer Tonleiter zum Spielen einer melodischen Phrase über verschiedene Akkorde kann sehr effektiv klingen, da sich die Harmonie darunter verschiebt.

In diesem Beispiel werden Swing-Achtelnoten verwendet, so dass die rhythmischen Phrasen, die du in der ersten Hälfte des vierten Kapitels gelernt hast, jetzt nützlich sind.

Improvisiere viertaktige Frage- und Antwortphrasen über Audio-Beispiel 7d. Spiele zuerst vier Takte, dann pausiere vier Takte. Wenn du dies bequem tun kannst, versuche, alle vier Takte zu spielen.

Es gibt drei verschiedene Versionen dieses Audiotracks mit 90 bpm, 120 bpm und 150 bpm. Fang mit dem Langsamsten an und arbeite dich nach oben.

Beispiel 7d:

Solo auf einem Pop-Groove

Diese Übung verwendet eine I-V-vi-IV-Akkordfolge, die zu den häufigsten Vamps in der modernen populären Musik gehört. Dutzende von klassischen Pop-Hits basieren auf dieser einfachen Vier-Akkord-Folge.

Die Akkorde in dieser Sequenz sind alle diatonisch zur Tonart Bb-Dur, so dass man mit der Bb-Dur-Tonleiter improvisieren könnte, aber die g-Moll-Pentatonik funktioniert auch, weil sie von der *parallelen* Moll-Tonleiter abgeleitet ist. Es gibt keine Noten in der Tonleiter, die mit einem der Akkorde in der Sequenz kollidieren, so dass du diese eine Tonleiter über alle Akkorde hinweg verwenden kannst. Jeder Ton der Tonleiter funktioniert mit jedem Akkord wie folgt.

Beispiel 7e:

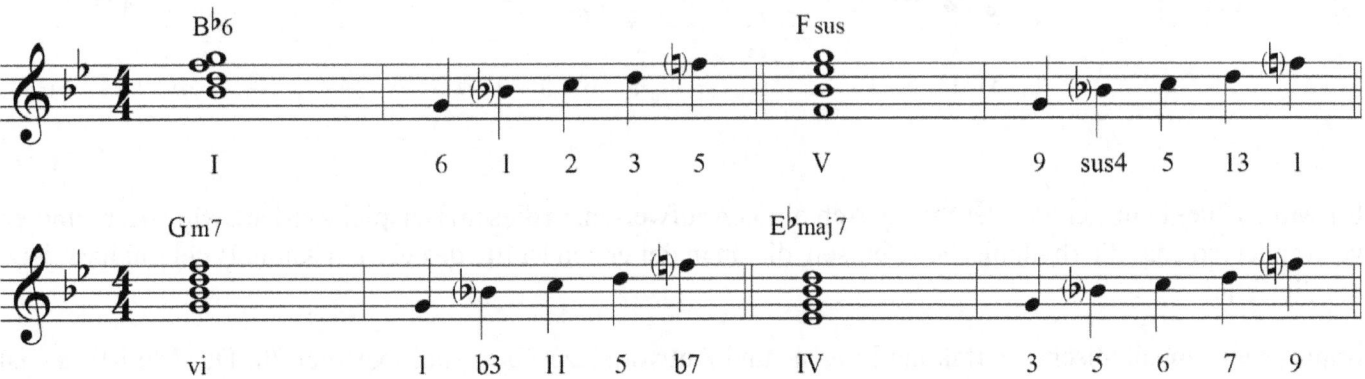

Da du über die relative Dur-Tonart improvisierst, wird das Beenden deiner Antwort-Phrase auf einem G nicht ganz so aufgelöst klingen wie vorher. Versuche, Bb für deine Auflösung zu verwenden und hör den Unterschied.

Der Pop-Beat verwendet gerade Achtelnoten, so dass die rhythmischen Phrasen, die du in der zweiten Hälfte von Kapitel Vier gelernt hast, jetzt nützlich sind.

Improvisiere viertaktige Frage- und Antwortphrasen über Audio Beispiel 7f. Spiele zuerst vier Takte, dann pausiere vier Takte. Wenn du dies bequem tun kannst, versuche, alle vier Takte zu spielen.

Es gibt drei verschiedene Versionen dieses Audiotracks mit 90 bpm, 105 bpm und 120 bpm. Fang mit dem Langsamsten an und arbeite dich nach oben.

Beispiel 7f:

Solo auf einem Moll-Blues

Ein Moll-Blues ist ähnlich wie ein normaler zwölftaktiger Blues, aber wie der Name schon sagt, in Moll. Die Verwendung eines Moll-Akkords für den Tonika-Akkord (I) hat einen tiefgreifenden Einfluss auf das Gefühl der Musik und erzeugt eine dunklere Stimmung.

Mr. PC und *Equinox* sind zwei großartige Jazzmelodien, die von John Coltrane komponiert und aufgenommen wurden und auf einem Moll-Blues basieren.

Es gibt nur drei Akkorde in dieser zwölftaktigen Sequenz und die g-Moll-Pentatonik funktioniert über alle wie folgt.

Beispiel 7g:

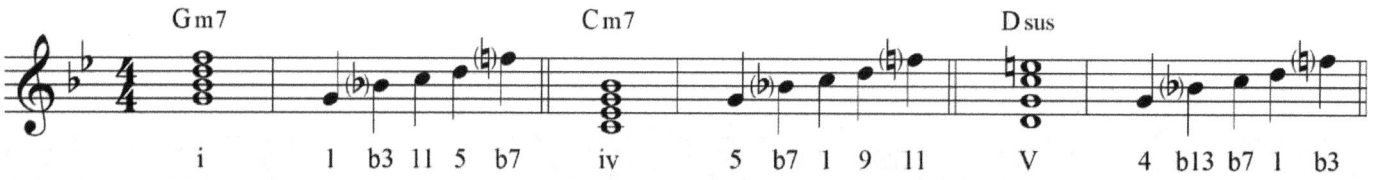

Ein Moll-Blues kann gerade oder Swing-Achtelnoten aufweisen. In diesem Beispiel werden Swing-Achtelnoten verwendet, so dass die rhythmischen Phrasen, die du in der ersten Hälfte des vierten Kapitels gelernt hast, jetzt nützlich sind.

Improvisiere musikalische viertaktige Fragen- und Antwortsätze über Audiobeispiel 7h. Der Moll-Blues ist eine zwölftaktige Sequenz, so dass drei musikalische Sätze einen ganzen Chorus (12 Takte) ergeben.

Es gibt vier verschiedene Versionen dieses Audiotracks mit 90 bpm, 120 bpm, 150 bpm und 180 bpm. Fang mit dem Langsamsten an und arbeite dich nach oben.

Beispiel 7h:

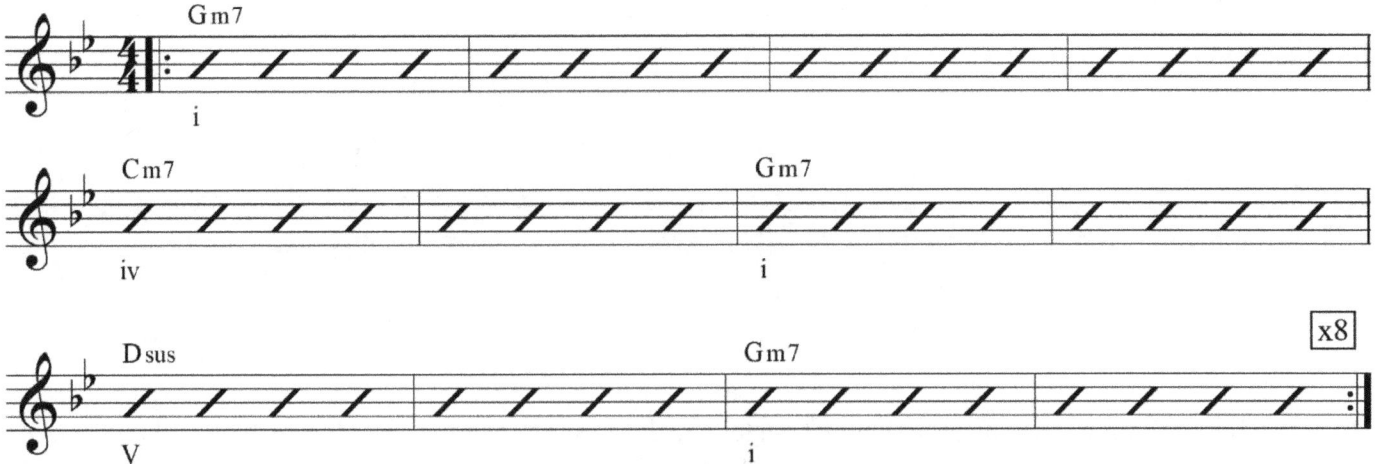

Solo auf einem Dur-Blues

Ein Dur-Blues bezieht sich auf die reguläre zwölftaktige Blues-Akkordfolge, die du wahrscheinlich schon kennst. Diese Akkordfolge ist die Grundlage für ein ganzes Genre mit all seinen verschiedenen Stilen, das sich in den letzten hundert Jahren entwickelt hat.

Der Dur-Blues ist auch eine der häufigsten Akkordfolgen, die im Jazz verwendet werden. Jazzmusiker verschleiern diese Akkordfolge jedoch oft durch das Ersetzen und Hinzufügen von Akkorden. Sie tun dies, um die harmonische Aktivität zu erhöhen und führen ii-V-Sequenzen ein, die in Jazz-Stücken häufiger vorkommen.

Manchmal kann es so viele Akkordsubstitutionen geben, wie z.B. in *Blues for Alice* von Charlie Parker, dass es nicht wie ein Blues aussieht, aber die grundlegende Struktur die gleiche zwölftaktige Sequenz ist, so dass wir es immer noch als Blues bezeichnen.

Die meisten Arten von Blues-Musik zeichnen sich durch Gitarristen aus, die Slides und Bends verwenden, um die Noten zu verzieren. Dieser Klang ist so gleichbedeutend mit dem Blues geworden, dass wir es gewohnt sind, diese *falschen* Noten über die Akkorde zu hören und sie als Teil dieser Musik zu akzeptieren. Zum Beispiel ist es bei einem Blues durchaus üblich, eine Melodienote eine kleine Terz über einem Dominantseptakkord zu spielen, der eine große Terz beinhaltet. Die Spannung, die sie erzeugt, funktioniert in diesem Zusammenhang gut und wird als *Blue Note* bezeichnet. Aber wenn man eine Melodienote eine große Terz über einen Moll-Akkord spielen würde, würde das sehr falsch klingen, denn das sind wir nicht gewohnt zu hören.

Verschiedene Musikstile haben unterschiedliche „Verhaltensregeln", daher ist es sehr wichtig, beim Improvisieren den Kontext zu beachten. Es bedeutet, dass das, was (theoretisch) eine falsche Note ist, im richtigen Szenario großartig klingen kann.

Work Song von Nat Adderley ist ein hervorragendes Beispiel für einen Song, bei dem die Melodie und das Solo auf einer Bluestonleiter (Moll-Pentatonik plus #4) basieren, aber die Harmonie darunter komplett aus Dominantseptakkorden besteht. In diesem Zusammenhang wirkt die kleine Terz in der Melodie über der großen Terz im Akkord großartig und verleiht so einen starken Bluesgeschmack. Technisch gesehen ist *Work Song* kein Blues, es ist ein sechzehntaktiges *Call-and-Response*-Stück, aber es hat einen so starken Bluesgeschmack, dass es als *16-taktiger Blues* bezeichnet wird.

Es gibt mehrere Möglichkeiten für Tonleitern, die du über einen Dur-Blues verwenden kannst, aber wenn du die *Tonika*-Moll-Pentatonik (g-Moll-Pentatonik über G-Blues) verwendest, dann funktioniert jede Note der Tonleiter mit jedem Akkord wie folgt.

Beispiel 7i:

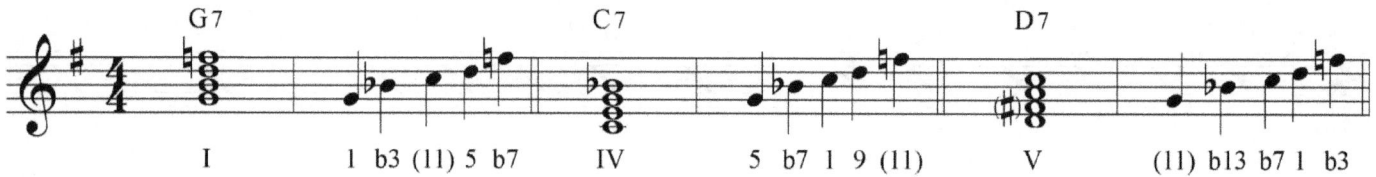

Du wirst im vorherigen Beispiel vielleicht feststellen, dass es für jeden Akkord eine Note gibt, die nicht besonders gut klingt (in Klammern dargestellt). Diese wird als *zu vermeidende Note* bezeichnet. Die elfte (vierte) Stufe der Tonleiter kollidiert mit der großen Terz des Dominantseptakkords, weil sie ein Intervall von einer kleinen None (Halbton) erzeugt, was ein sehr dissonantes Intervall ist. Eine zu vermeidende Note bedeutet jedoch nicht, dass du sie nicht spielen darfst. Du kannst sie als Durchgangsnote innerhalb einer Phrase verwenden, aber versuche zu vermeiden, sie auf dem ersten Schlag des Taktes zu spielen, oder sie als lange Note über dem Akkord zu verwenden. Versuche vorerst, sie nicht in deiner melodischen Phrase zu spielen.

Ein Dur-Blues kann gerade oder Swing-Achtelnoten aufweisen. In diesem Beispiel werden Swing-Achtelnoten verwendet, so dass die rhythmischen Phrasen, die du in der ersten Hälfte des vierten Kapitels gelernt hast, jetzt nützlich sind.

Improvisiere musikalische viertaktige Frage- und Antwort-Sätze über Audiobeispiel 7j. Der Dur-Blues ist eine zwölftaktige Sequenz, so dass drei musikalische Sätze einen ganzen Chorus (zwölf Takte) ergeben.

Es gibt vier verschiedene Versionen dieses Audiotracks mit 90 bpm, 120 bpm, 150 bpm und 180 bpm. Fang mit dem Langsamsten an und arbeite dich nach oben.

Beispiel 7j:

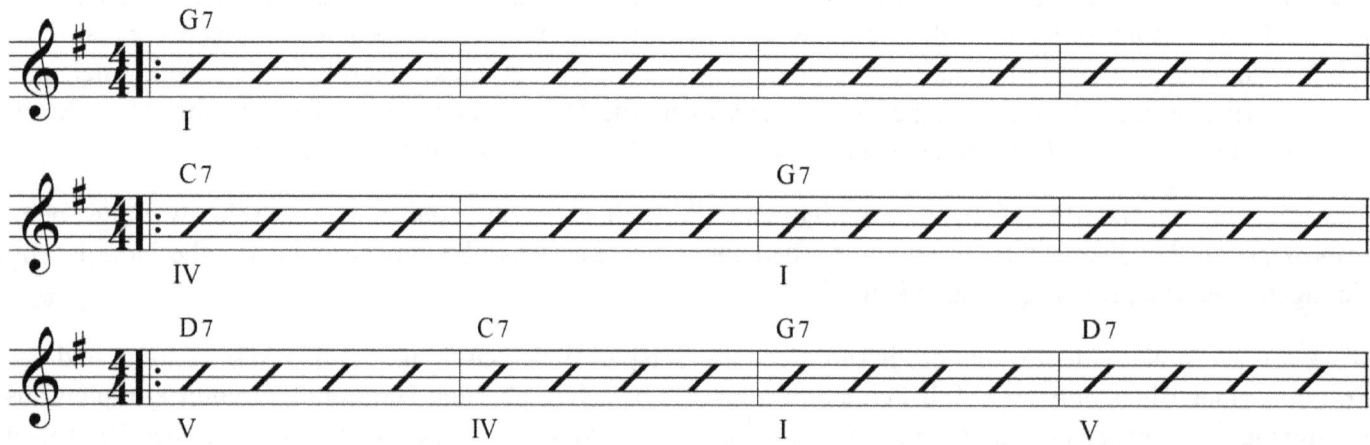

Es wird eine gewisse Zeit dauern, ein flüssiges Spiel zu entwickeln, aber mittlerweile solltest du dich sicher fühlen, in einer vielen verschiedenen Stilen mit geraden und Swing-Achteln zu improvisieren. Du solltest die meisten deiner Frage- und Antwortphrasen hören, während du sie spielst, und dich nicht in der Sequenz verlieren, was eine echte Leistung ist und etwas, auf dem du aufbauen kannst.

Bisher hast du dich darauf konzentriert, *was* du spielen willst. Im nächsten Kapitel wirst du dich darauf konzentrieren, *wie* du spielst.

Kapitel Acht - Jazz-Artikulation

Die Artikulation bezieht sich auf die *Art und Weise, wie* du jede einzelne Note spielst. Die Änderung der Artikulation verschiedener Noten in einer Phrase beeinflusst den Klang und das Gefühl der gesamten musikalischen Phrase.

Manche Jazzmusiker neigen dazu, bestimmte Arten der Artikulation zu bevorzugen, die Teil ihres individuellen, erkennbaren Klangs werden, so wie verschiedene Menschen mit unterschiedlichen Akzenten oder Dialekten sprechen. Einige Artikulationstechniken sind jedoch den meisten Jazzmusikern gemein, und diese sind ein guter Ausgangspunkt, wenn man versucht, einen authentischen Jazz-Sound zu entwickeln, insbesondere bei Swing-Achtelnoten.

Die Notation ist begrenzt und nicht in der Lage, die Nuancen der subtilen Aufführungstechniken und des Timings auszudrücken. Man muss den Sound von Swing im Kopf haben, also kann man *Swing* letztlich nur lernen, wenn man viele tolle Jazzaufnahmen hört. Man braucht diesen Bezugspunkt, wie es sich anhört, um *wirklich zu swingen*. Aber man muss wissen, worauf man achten muss, und wenn man einmal auf diese Techniken hingewiesen wird und man einige Zeit damit verbracht hat, daran zu arbeiten, wird man sie auf den Aufnahmen stärker wahrnehmen.

Artikulationszeichen sind oft in Big Band Parts zu sehen, aber selten in der Notation für kleine Gruppen oder in *Real Books*. Auch in Transkriptionen sind Artikulationszeichen selten zu sehen, wo sie besonders nützlich wären. Aber in all diesen Szenarien wird davon ausgegangen, dass du dir die Aufnahmen anhören wirst, um die Artikulationen zu lernen.

Du hast zwei Möglichkeiten, wenn keine Artikulationszeichen in deinem Part stehen. Entweder hörst du dir die Originalaufnahme an, um herauszufinden, wie die Artikulation sein sollte, oder du machst deine eigene Artikulation nach deinem Urteilsvermögen, das davon abhängt, ob du einen guten Geschmack hast. Man entwickelt guten Geschmack, wenn man viele gute Jazzaufnahmen hört. Also, so oder so, man muss sich viele gute Jazzaufnahmen anhören!

Zunächst müssen wir einige musikalische Standardbegriffe verstehen, die zur Definition der verschiedenen Artikulationstechniken verwendet werden. Dann wirst du einige Übungen üben, die dir helfen, diese Techniken zu entwickeln und lernen, wie man im Einklang mit dem Standard Jazz-Regelwerk spielt. Dann wirst du diese Artikulationen auf einige viertaktige Frage- und Antwortphrasen anwenden.

Staccato vs. Legato

Diese Angaben in der Notation werden normalerweise in italienischer Sprache geschrieben und sie bedeuten: kurz vs. lang. Staccato und Legato beeinflussen das, was am Ende jeder Note passiert, was als *Ausklingen* der Note bezeichnet wird. Staccato wird mit einem Punkt über oder unter dem Notenkopf notiert, und Legato wird mit einer Linie über oder unter dem Notenkopf notiert. Staccato bedeutet, dass du die Note kurz spielst, unabhängig von ihrem rhythmischen Wert. Legato bedeutet, dass du die Note für ihren vollen rhythmischen Wert hältst. Je nach den stilistischen Erfordernissen der jeweiligen Musik kann man Staccato oder Legato unterschiedlich stark einsetzen.

Beispiel 8a:

Es gibt keine verbindliche Regel für die Anwendung von Staccato und Legato im Jazz und man sollte mit verschiedenen Variationen experimentieren, um zu sehen, wie sich das auf die Phrase auswirkt. Normalerweise werden die meisten Noten einer Phrase legato gespielt, mit ein oder zwei Noten staccato. Wenn die Phrase beim Swing mit einem Upbeat endet, wird sie höchstwahrscheinlich staccato gespielt.

Hör im nächsten Beispiel, wie die Anwendung von Staccato- und Legato-Artikulationen den Klang dieser viertaktigen Phrase, die mit Swing-Achtelnoten gespielt wird, beeinflusst.

Beispiel 8b:

Im nächsten Beispiel hörst du, wie die Anwendung von Staccato- und Legato-Artikulationen den Klang dieser viertaktigen Phrase, die mit geraden Achtelnoten gespielt wird, beeinflusst.

Beispiel 8c:

Erstelle nun ein paar eigene viertaktige Phrasen und wende verschiedene Staccato- und Legato-Artikulationen an. Tu dies bewusst und überlegt und lege fest, welche Artikulation du verwenden willst, *bevor* du die Phrase spielst. Versuche, die Phrase vor dem Spielen zu singen, um die Artikulation in deinem Kopf zu verdeutlichen. Das Vorschreiben der Artikulation hilft dir, mehr Kontrolle über dein Spiel zu entwickeln.

Wenn du die verschiedenen von dir vorgeschriebenen Artikulationen konsequent anwenden kannst, dann wiederhole die Improvisationsübungen in Kapitel Sieben und spiele Phrasen mit der Artikulation. Versuche, die Phrase einschließlich der Artikulation zu hören, während du sie spielst. Vergewissere dich, dass das, was aus dem Instrument herauskommt, mit dem übereinstimmt, was in deinem Kopf ist.

Bindebogen vs. Zungenschlag

Bindebogen und Zungenschlag beeinflussen das, was am Anfang jeder Note passiert, was als *Anschlag* (Anspielen, engl.: attack) der Note bezeichnet wird.

Um den Ton *mit Zungenschlag zu spielen*, musst du das Blättchen mit der Zunge berühren. Wenn du deine Zunge vom Blättchen löst, lässt du den Luftstrom durch, der den Ton erklingen lässt. Mit dieser Technik kannst du den Notenanfang sehr genau steuern. Du kannst die Note mit verschiedenen Stufen des Zungenschlags mehr oder weniger hervorheben, je nach den stilistischen Anforderungen der Musik in diesem Moment.

Beim Binden der Noten musst du einen konstanten Luftstrom durch das Instrument blasen, während du mit den Fingern die Noten mit den verschiedenen Tastenkombinationen wechselst. Du kannst nicht zwei gleiche Noten binden. Das Ergebnis wäre ein *Haltebogen,* bei dem die beiden Noten zu einer langen Note zusammengefügt werden.

Bindebögen werden mit einer geschwungenen Linie notiert. Wenn es keine geschwungene Linie gibt, dann sollte die Note mit der Zunge angestoßen werden. Die erste Note einer gebundenen Phrase wird mit der Zunge angestoßen.

Beispiel 8d:

Beim Jazz betont man standardmäßig die Upbeats, meist mit einer Kombination aus Akzenten und Zungenschlag. Wir werden uns die Akzente im nächsten Abschnitt ansehen, also konzentrieren wir uns vorerst auf den Zungenschlag.

Beim Spielen von Achtelnoten sollte man die Upbeats mit der Zunge und die Downbeats gebunden spielen. Wenn die Phrase auf einem Downbeat beginnt, dann spiele die erste Note mit der Zunge, dann ebenso den nächsten Upbeat und fahre fort, abwechselnd mit gebundenen Noten und Noten, die mit Zungenschlag gespielt sind. Hör dir den Track an, um zu hören, wie es klingen soll.

Das nächste Beispiel zeigt dieses übliche Jazz-Zungenschlag-Pattern, das auf ein G-Dur-Tonleiter angewendet wird.

Beispiel 8e:

Dieses Zungenschlag-Pattern betont die Upbeats mehr als die Downbeats, was dem Rhythmus mehr Vorwärtsbewegung verleiht. Es hilft ihm, *zu swingen*.

Beim Spielen von Triolen wird die erste Note mit Zungenschlag gespielt und an den Rest gebunden, es sei denn, es geht eine Achtelnote als Auftakt voraus. Diese sollte dann mit Zungenschlag gespielt werden und die ganze Triole würde dann gebunden werden.

Beispiel 8f:

Diese Zungenschlag-Patterns sind nur Anhaltspunkte und es gibt viele Beispiele von Jazzmusikern, die andere Zungenschlag-Patterns spielen, die ebenfalls gut klingen. Diese Übungen werden dir helfen, gute Gewohnheiten zu entwickeln und deinen melodischen Phrasen ein authentischeres Jazz-Feeling zu verleihen.

Im nächsten Beispiel hörst du, wie die Anwendung von Zungenschlag und Bindebögen den Klang dieser viertaktigen Phrase, die mit Swing-Achteln gespielt wird, beeinflusst.

Beispiel 8g:

Im nächsten Beispiel hörst du, wie die Anwendung von Zungenschlag und Bindebögen den Klang dieser viertaktigen Phrase, die mit geraden Achteln gespielt wird, beeinflusst.

Beispiel 8h:

Erstelle wie zuvor ein paar eigene viertaktige Phrasen und wende die oben genannten Richtlinien für Bindebögen und Zungenschlag an. Tu dies bewusst und überlegt und lege fest, welche Artikulation du verwenden willst, *bevor* du die Phrase spielst. Singe die Phrase noch einmal, bevor du sie spielst, um die Artikulation in deinem Kopf zu verdeutlichen. Das Vorschreiben der Artikulation hilft dir, die Kontrolle über dein Spiel zu entwickeln.

Wenn du die verschiedenen von dir vorgeschriebenen Artikulationen konsequent anwenden kannst, dann wiederhole die Improvisationsübungen in Kapitel Sieben und spiele Phrasen mit der Artikulation. Versuche, die Phrase einschließlich der Artikulation zu hören, während du sie spielst. Vergewissere dich, dass das, was aus dem Instrument herauskommt, mit dem übereinstimmt, was in deinem Kopf ist.

Akzentuiert vs. Ghost Note

Akzentuierung und Ghost Notes beeinflussen die Lautstärke einer einzelnen Note, im Gegensatz zu dynamischen Markierungen, die die Lautstärke einer ganzen Phrase oder eines Musikstücks verändern.

Es gibt zwei verschiedene Arten von Akzenten, die in der Jazzartikulation verwendet werden. > über einer Note bedeutet, sie lauter und für ihre volle Länge zu spielen. ^ über einer Note bedeutet, sie lauter und kurz zu spielen.

Aber die Frage ist, *wie* laut? Die Dynamik ist immer relativ, und die Akzente sind nicht immer *ff*. Eine allgemeine Richtlinie ist es, eine dynamische Markierung lauter zu spielen, als für den Rest der Phrase angegeben ist. Wenn du *pp* spielst, dann sollte deine akzentuierte Note *p* sein, aber das ist nur eine Richtlinie, und letztendlich liegt es an deinem Urteilsvermögen, was in diesem bestimmten Moment richtig für die Musik klingt.

Ghost Notes werden durch das Setzen von Klammern um die Note herum angezeigt. Ghosting bedeutet, dass man eine Note sehr leise spielt, so dass sie kaum wahrnehmbar ist. Der Effekt sollte eher eine Andeutung der Note sein, als dass sie explizit gespielt wird.

Die Verwendung von Kombinationen aus Akzenten und Ghost Notes kann eine musikalische Phrase zum Leben erwecken. Diese Technik wird als *Nuancierung (engl.: shading)* bezeichnet. Eine Analogie ist es, an einen großen Shakespeare-Schauspieler zu denken, der im Globe Theater in einem Stück Zeilen rezitiert, *im Vergleich zu* einem Kind in der dritten Klasse, das in einem Schulkrippenspiel Zeilen rezitiert. Der eine kann die Geschichte zum Leben erwecken und die Aufmerksamkeit des Publikums mit seiner Darbietung fesseln, während der andere das Publikum immer wieder auf die Uhr schauen lässt. Ich lasse dich entscheiden, wer wer ist!

Wie bereits erwähnt, betont man beim Jazz standardmäßig die Upbeats, also ist es eine gute Übung, jeden Upbeat zu betonen und jeden Downbeat zu „ghosten". Beim Üben sollte man langsam spielen und diese Technik durch Überbetonung der Akzente übertreiben. Bei Auftritten und mit zunehmender Geschwindigkeit sollten die Akzente leichter und subtiler sein.

Dieses nächste Beispiel demonstriert Akzente und Ghost Notes, die auf eine G-Dur-Tonleiter angewendet werden.

Beispiel 8i:

Das vorhergehende Beispiel ist eine ausgezeichnete Übung, um die Technik zu entwickeln, aber du solltest die Akzente und Ghost Notes beim Spielen variieren und auch bei einigen Downbeats Akzente verwenden. Nutze dein Urteilsvermögen und wende es in geeigneten Momenten an, um deine musikalische Phrase zum Leben zu erwecken.

Im nächsten Beispiel hörst du, wie die Anwendung von Akzenten und Ghost Notes den Klang dieser viertaktigen Phrase, die mit Swing-Achtelnoten gespielt wird, beeinflusst.

Beispiel 8j:

Im nächsten Beispiel hörst du, wie die Anwendung von Akzenten und Ghost Notes den Klang dieser viertaktigen Phrase, die mit geraden Achtelnoten gespielt wird, beeinflusst.

Beispiel 8k:

Noch einmal, erstelle ein paar eigene viertaktige Phrasen und wende die oben genannten Akzente und Ghost Notes an. Tu dies bewusst und überlegt und lege fest, welche Artikulation du verwenden willst, *bevor* du die Phrase spielst. Singe die Phrase noch einmal, bevor du sie spielst, um die Artikulation in deinem Kopf zu verdeutlichen. Das Vorschreiben der Artikulation und dich daran zu halten hilft dir, die Kontrolle über dein Spiel zu entwickeln.

Wenn du die verschiedenen von dir vorgeschriebenen Artikulationen konsequent anwenden kannst, dann wiederhole die Improvisationsübungen in Kapitel Sieben und spiele Phrasen mit der Artikulation. Versuche, die Phrase einschließlich der Artikulation zu hören, während du sie spielst. Vergewissere dich, dass das, was aus dem Instrument herauskommt, mit dem übereinstimmt, was in deinem Kopf ist.

Bringen wir alles zusammen

Du hast verschiedene Artikulationstechniken gelernt, um deine musikalischen Phrasen zum Leben zu erwecken und deinem Spiel einen authentischeren Jazz-Sound zu verleihen. Jetzt wirst du sie alle zusammenfügen.

Diese Detailgenauigkeit auf eine Phrase anzuwenden, ist eine Herausforderung, weil es viel Kontrolle über dein Instrument erfordert. Mach dir also keine Sorgen, wenn du diese Übungen nicht auf Anhieb perfekt spielen kannst. Lass dir Zeit. Sie sollen etwas sein, an dem du arbeiten kannst, anstatt sie direkt durchzuspielen.

Hör dir die Audiodateien mehrmals an, *bevor* du jede Übung spielst. Stelle sicher, dass du den Klang der Phrase mit der richtigen Artikulation im Kopf hast, bevor du versuchst, sie zu spielen. Falls nötig, zerlege jede Phrase in kleinere Abschnitte, bearbeite die Abschnitte einzeln und füge sie dann wieder zusammen.

Arbeite an einer Phrase nach der anderen, bis du sie spielen kannst. Probiere dann einige verschiedene Artikulationen dieser Phrase aus und schau, wie unterschiedlich du sie mit all den verschiedenen Artikulationstechniken spielen kannst.

Hör im nächsten Beispiel, wie die Anwendung verschiedener Artikulationen den Klang dieser viertaktigen Phrase, die mit Swing-Achtelnoten gespielt wird, beeinflusst.

Beispiel 8l:

Im nächsten Beispiel hörst du, wie die Anwendung verschiedener Artikulationen den Klang dieser viertaktigen Phrase, die mit geraden Achteln gespielt wird, beeinflusst.

Beispiel 8m:

Zunächst wird es ein beträchtliches Maß an Nachdenken und bewusster Anstrengung erfordern, alle Artikulationen genau zu spielen. Mit mehr Übung wirst du flüssiger spielen und dieser Vorgang wird immer mehr automatisiert. Die Artikulationen werden in deine Improvisation eingebettet und werden zu etwas, das du auf einer unbewussten Ebene, in *Echtzeit*, während des Spiels verarbeitest.

Nachdem du einige Zeit an der Artikulation gearbeitet hast, werden dir diese Details auf den Aufnahmen deiner Lieblings-Jazzkünstler auffallen.

Wiederhole abschließend die Improvisationsübungen in Kapitel Sieben und spiele deine eigenen melodischen Phrasen mit deinen eigenen Artikulationen. Versuche, die Phrase mit all ihren Artikulationen im Kopf zu hören, während du sie spielst. Erinnere dich an das, was du in Kapitel 1 gelernt hast.

Höre, was du spielst und spiele, was du hörst

Andere Techniken

Du hast an den gängigsten Artikulationstechniken gearbeitet, aber es gibt noch einige andere Effekte, die du kennen musst.

Vibrato

Vibrato ist der Effekt der Anhebung und Absenkung der Tonhöhe eines gehaltenen Tones durch Veränderung des Ansatzes oder des Luftstroms. Der Bereich der Tonhöhenänderung kann breit oder schmal sein. Das Vibrato kann schnell oder langsam sein, und es kann auch die Geschwindigkeit ändern. Die Verwendung von Vibrato ist eine Möglichkeit, dein Instrument mehr wie eine menschliche Stimme klingen zu lassen und ermöglicht es dir, ausdrucksstärker zu sein. Es kann besonders effektiv in Balladen sein, wo lange Noten üblich sind, wird aber weniger bei schnelleren Melodien verwendet. Frühe Jazzmusiker neigten dazu, mit einem sehr ausgeprägten Vibrato zu spielen. Hör dir Sidney Bechet auf *Petite Fleur* an. Aber dieser Stil ist seit Be-Bop und Modern Jazz weniger populär geworden. Hör dir Dexter Gordon in *I Guess I'll Hang My Tears Out to Dry* an. Er setzt stellenweise ein ziemlich ausgeprägtes Vibrato mit großer Wirkung ein, aber nur gelegentlich, nicht die ganze Zeit, in der er spielt. Hör dir Cannonball Adderley in der Ballade *Dancing in The Dark* an. Er verwendet ein leichtes und schmales Vibrato auf einigen der langen Töne, aber sein Klang ist im Allgemeinen sehr zentriert und sauber. Auch bei dieser Aufnahme setzt er Glissando sehr wirkungsvoll ein.

Glissando

Glissando, manchmal auch als „*lipping up*" auf eine Note bezeichnet, ist ein weiterer Effekt, der in den frühen Jazzstilen populärer war und in der zeitgenössischen Musik weniger verwendet wird. Dabei wird eine Note unter der Tonhöhe begonnen und dann auf ihre wahre Tonhöhe gezogen, oder es kann verwendet werden, um zwei Melodienoten zu verbinden. Ein Glissando kann sich auch nach unten bewegen, was als *Slide* bezeichnet wird. Einige Instrumente, wie Posaune und Pauke, haben eine eingebaute Fähigkeit zum Glissando über einen weiten Bereich, während andere Instrumente, wie Klavier, kein echtes Glissando spielen können, sondern stattdessen eine chromatische Tonleiter zwischen den Noten spielen können. Glissando funktioniert gut auf der Klarinette, und frühe Jazzmusiker haben bei ihren Soli oft Glissando-Effekte eingesetzt. Hör dir Larry Shields auf der Aufnahme von *Tiger Rag* aus dem Jahr 1917 von The Original Dixieland Jazz Band an. Schau dir auch die Eröffnung von George Gershwins *Rhapsody in Blue* an, die eines der berühmtesten Klarinetten-Glissandos aller Zeiten enthält.

Growling

Das Growling ist eine Methode, den Ton des Instrumentes zu verändern, indem gleichzeitig mit dem Blasen gesummt wird, wodurch ein rauer und kratziger Klang entsteht. Es wird oft in Blues und Funk verwendet, kann aber in jedem Stil eingesetzt werden, um eine Note zu unterstreichen oder ihr mehr Ausdruck zu verleihen. Hör dir Ben Webster auf der Aufnahme von *Late Date* von 1957 an. Er beginnt den dritten Chorus seines Solos (*2'01"*) mit einigen großartigen Growling-Effekten auf seinem Tenorsaxophon.

Einen individuellen Sound entwickeln

Klangfarbe

Und schließlich ist die Klangfarbe (der *Ton*) eines der markantesten Elemente des Klangs eines Musikers und eine sehr persönliche Wahl.

Schau dir Paul Desmond *vs.* Charlie Parker, oder Cannonball Adderley *vs.* Johnny Hodges, oder Art Pepper *vs.* Ornette Coleman an. Sie sind alle Altsaxophonisten, alle mit sehr unterschiedlichem Ton, die alle großartig klingen.

Schau dir Stan Getz *vs.* Illinois Jacquet oder Sonny Rollins *vs.* Michael Brecker oder John Coltrane *vs.* Lester Young an - alles Tenorsaxophonisten, alle mit sehr unterschiedlichem Ton, die alle großartig klingen.

Schau dir Benny Goodman *vs.* Johnny Dodds, oder Artie Shaw *vs.* Buddy DeFranco, oder Barny Bigard *vs.* Eddie Daniels an - alles Klarinettisten, alle mit sehr unterschiedlichem Ton, die alle großartig klingen.

Alle diese Musiker haben einen erkennbaren Sound. Bis zu einem gewissen Grad beeinflusste sie der Musikstil, den sie spielten, aber diese Künstler hatten eine so starke musikalische Identität, dass sie und ihr Sound die Musik, die sie spielten, letztendlich veränderten. Die Wärme des Saxophons von Stan Getz war das, was *The Girl From Ipanema* so großartig machte. Ornette Colemans eindringlicher, gefühlvoller Ton machte *Lonely Woman* zu dem Erfolg, der es war. Die geschmeidige Raffinesse von Artie Shaws mühelosem Spiel, mit nur einem Hauch von Growling hier und da, um anzudeuten, was sich unter der Oberfläche verbirgt, macht *Begin The Beguine* zu dem Klassiker, der es ist.

Der Punkt ist, es war nicht nur ein Tenorsaxophon bei *The Girl From Ipanema*, es war Stan Getz. Es war nicht nur ein Altsaxophon bei *Lonely Woman*, es war Ornette Coleman. Es war nicht nur eine Klarinette bei *Begin The Beguine*, es war Artie Shaw. Der individuelle Sound dieser Musiker hatte einen solchen Einfluss auf diese Aufnahmen, dass sie zu den Meisterwerken wurden, die sie waren. Und das ist sicherlich der Höhepunkt jeder künstlerischen Arbeit.

Im Anfangsstadium kann es verwirrend sein, zu wissen, nach wem oder wie man klingen will. Sie sind alle großartig! Ein Ansatz ist es, einen Künstler auszuwählen, dessen Sound man mag, und sich eine Weile auf ihn zu konzentrieren. Hol dir so viele seiner Aufnahmen wie möglich und hör sie dir täglich an. Tauche vollständig in sein Spiel ein. Versuche, seinen Klang und seine Artikulation so weit wie möglich zu kopieren. Nach ein paar Monaten wechselst du zu einem anderen Künstler, der dir gefällt, und machst dasselbe. Nachdem du dies mit vier oder fünf verschiedenen Künstlern gemacht hast, hast du die Grundlagen für deinen eigenen Sound, der eine Kombination all dieser großartigen Zutaten sein wird.

Kapitel Neun - Komposition

Komponieren ist wie improvisieren, aber mit dem Vorteil, dass man im Nachhinein seine Ideen bearbeiten kann. Anders als beim Improvisieren kann man alles ändern, mit dem man nicht zufrieden ist. Du hast den Luxus, zurück zu gehen und an deinen rohen Ideen zu feilen und sie zu ausgewogenen Melodien zu formen.

Frage- und Antwortphrasen sind in allen Musikstilen so vertraut, dass sie sich hervorragend als Grundlage für fast jede Art von Komposition eignen. Um dieses Konzept zu demonstrieren, habe ich vier Stücke in verschiedenen Stilen und Formen geschrieben, die alle die gleiche Methode verwenden, die du in diesem Buch gelernt hast. Ich habe einfach Frage- und Antwortphrasen mit der gleichen Moll-Pentatonik erstellt und in verschiedene musikalische Zusammenhänge gebracht. Du hättest jede dieser Melodien schreiben können!

Beispiel einer Jazz-Blues-Komposition - Sunny Honeymoon

Dieses Stück ist ein Riff-Blues, der eine besondere Art von Jazz oder Blues ist und von der Sonny Rollins Komposition *Sonnymoon for Two* inspiriert wurde. Ein Riff-Blues verwendet eine einzelne viertaktige Phrase und wiederholt sie über eine zwölftaktige Blues-Akkordfolge. Dieses Beispiel verwendet die absteigende Moll-Pentatonik mit einer Frage- und Antwortstruktur.

Ein Riff-Blues ist etwas, das kurzerhand komponiert werden kann und oft in Big-Band-Swing-Gruppen wie der Count Basie Band vorkommen würde. Sie mussten lange Musikabende spielen und die Leute zum Tanzen bringen, so dass sie während ihrer Auftritte neue Melodien erfanden, und manchmal wurden diese neuen Melodien zu einem festen Bestandteil des Sets.

Es gibt mehrere Riff-Blues-Stücke, die zum klassischen Jazz-Repertoire gehören. Sieh dir die folgenden Beispiele an: *C Jam Blues, Centerpiece, Bag's Groove, Night Train, Blues In The Closet, Chitlins con Carne* und natürlich *Sonnymoon For Two*.

Spiele das Hauptthema zweimal, dann improvisiere für drei Chorusse (drei mal zwölf Takte), dann spiele das Hauptthema noch zweimal, um das Stück zu beenden. Standardmäßig wird das Hauptthema eines zwölftaktigen Blues zweimal gespielt.

Beispiel 9a:

Beispiel einer funky Komposition - Funky Fourteen

Diese Melodie verwendet die gleiche Moll-Pentatonik über einem funky, geraden Achtel- der Rhythmusgruppe. Sie enthält zwei Frage-Antwort-Phrasen mit einem „Tag", um die Melodie zu vervollständigen. Die Struktur ist ein Moll-Blues mit zwei zusätzlichen Takten am Ende, wodurch es ein vierzehntaktiger Blues ist. Diese zusätzlichen zwei Takte fühlten sich für mich in der Gesamtform der Musik einfach richtig an. Achte darauf, dass du dich in der Solosequenz nicht verlierst. Achte neben dem Zählen auch auf die Drum Fills, mit denen wichtige Strukturpunkte in der Akkordfolge markiert werden.

Spiele die Melodie zweimal, dann improvisiere für zwei Chorusse, dann spiele die Melodie noch zweimal. Beim letzten Chorus wird der letzte „Tag" der Melodie viermal gespielt, wobei die letzten beiden eine Oktave höher liegen.

Beispiel 9b:

Beispiel einer Latin-Komposition – Major General Mambo

Diese Melodie verwendet die gleiche Moll-Pentatonik, die du gelernt hast, aber die harmonische Abfolge basiert auf der parallelen Dur-Tonart (Bb). Die Verwendung einer Dur-Tonart gibt der Melodie ein fröhlicheres Gefühl, was zum Stil passt. Alle Noten in der Moll-Pentatonik funktionieren gut über diese Akkorde, aber versuche, deine Phrasen jetzt auf Bb statt auf G aufzulösen, und du wirst hören, dass dies die neue „zu Hause"-Tonart ist. Dies ist das gleiche Konzept, das du beim Pop-Groove in Kapitel Sieben gelernt hast.

Die Struktur dieser Melodie ist ABA, wobei jeder Abschnitt acht Takte lang ist, was bedeutet, dass die ganze Melodie vierundzwanzig Takte lang ist. Spiele das Hauptthema einmal, dann improvisiere für drei Chorusse (drei mal ABA), dann spiele das Hauptthema einmal. Auch hier solltest du während der Solosequenz auf die Drum Fills achten, um die Struktur zu erhalten. Springe beim letzten Chorus zum fünften Takt, um das Ende zu spielen.

Beispiel 9c:

Beispiel 12/8-Blues-Komposition - Hot Tea, Shall I Put It There

Diese Melodie ist im Stil eines klassischen Rhythm and Blues in 12/8 und wurde von meiner Frau inspiriert, die mir eine Tasse Tee brachte! Beachte die bekannte *Tutti*-Figur (alle spielen unisono) in der Rhythmusgruppe am Anfang jeder Phrase. Die Melodie funktioniert als Antwort-Phrase auf die *Tutti*-Frage in der Rhythmusgruppe.

Spiele das Hauptthema zweimal, dann improvisiere drei Chorusse (drei mal zwölf Takte) und spiele dann das Hauptthema zweimal, um das Stück zu beenden.

Beispiel 9d:

Wie man eine eigene Melodie komponiert

Jetzt wirst du deinen eigenen Riff-Blues komponieren, wie das erste Beispiel in diesem Kapitel.

Du hast bereits viele Frage- und Antwortphrasen improvisiert, also wird es einfach sein, mit einer davon deinen eigenen zwölftaktigen Riff-Blues zu kreieren. Erinnere dich einfach an die Schritte, die du gelernt hast:

- Löse die Fragen-Phrase nicht auf (ende nicht auf der 1. Stufe)

- Löse die Antwort-Phrase auf (ende auf der 1. Stufe)

- Mach die Frage und die Antwort zusammengehörig, indem du einen ähnlichen Rhythmus für beide Phrasen verwendest

Beginne damit, ein paar viertaktige musikalische Sätze zu improvisieren, wie du es in Kapitel sechs getan hast. Such dir eine aus, die dir gefällt. Spiele sie ein paar Mal. Probiere ein paar verschiedene Variationen mit dem Rhythmus aus, bis du dich für eine Version entscheidest, die sich am natürlichsten anfühlt. Schon hast du eine Komposition!

Versuche es jetzt über dem Rhythmussektion-Backing-Track. Spiele das Hauptthema zweimal (sechs musikalische Sätze), improvisiere für drei Chorusse und spiele das Hauptthema dann noch zweimal, um das Stück zu beenden.

Beispiel 9e:

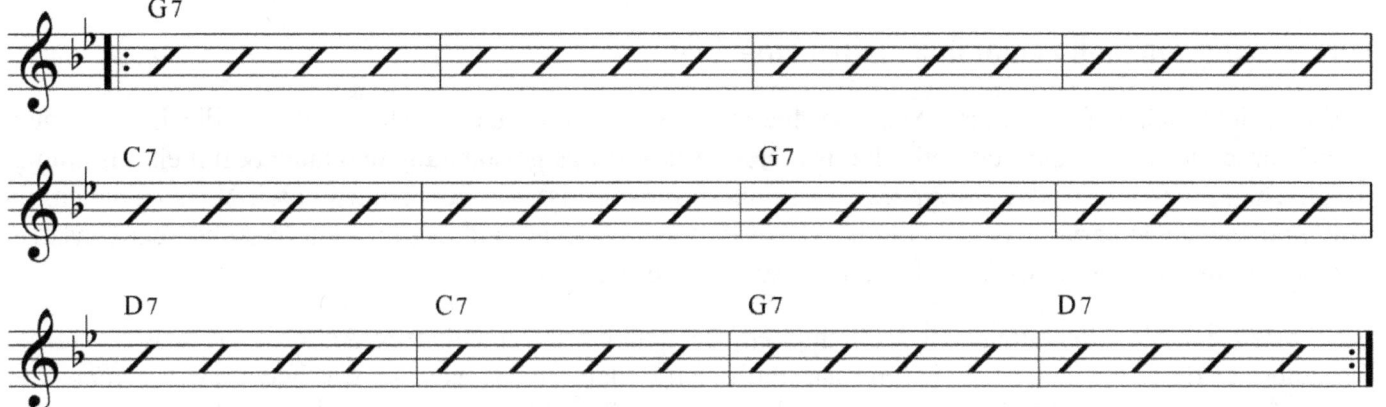

Zehntes Kapitel – Einen Schritt weitergehen

Verwendung von Moll-Pentatoniken über eine ii-V-I

ii-V-I bezieht sich auf eine kurze Sequenz diatonischer Akkorde aus der Dur-Tonleiter, die im gesamten Standardrepertoire des Jazz weit verbreitet ist. Diese Akkordfolge ist so häufig und taucht oft mehr als einmal im gleichen Stück auf, so dass es für alle Jazzschüler essenziell ist, ein Verständnis von ii-V-I's zu haben. Es gibt eine Menge Material, das über die ii-V-I veröffentlicht wurde, und es gibt viele verschiedene Ansätze, darüber zu improvisieren, die man sich auch anschauen sollte.

Ein Vorteil der Moll-Pentatonik ist die Fähigkeit, über mehrere verschiedene Akkorde zu passen. Da die Tonleiter nur fünf Töne hat, ist sie in ihrer harmonischen Bedeutung etwas vage, was bedeutet, dass man über alle drei Akkorde in der ii-V-I-Folge dieselbe Moll-Pentatonik spielen kann. Wenn du dich davon befreist, zu viel über die zugrunde liegende Harmonie nachzudenken, kannst du dich darauf konzentrieren, gute melodische Phrasen zu kreieren und deine motivischen Ideen durch die Akkordfolge zu entwickeln.

Die harmonische Unklarheit der Pentatonik ist aber auch ihre Schwäche. Die Verwendung der gleichen Pentatonik über eine Reihe von Akkorden bedeutet, dass du nicht die starken, funktionalen Noten jedes Akkords in der Sequenz (die Terzen und Septimen) triffst. Dein improvisiertes Solo wird die Harmonie nicht klar umreißen und, wie man sagt, du wirst „die Wechsel nicht vornehmen".

Dies ist eine Frage der Ästhetik und der stilistischen Wahl. Das Improvisieren mit einer Moll-Pentatonik wird deinem Solo einen besonderen Klang und ein besonderes Gefühl geben, und wie bei allem, wenn du nur einen Klang verwendest, wird es für den Zuhörer irgendwann ermüdend werden. Die großen Improvisatoren haben alle eine Reihe von verschiedenen Techniken und Konzepten in ihren Soli verwendet, und du solltest das gleiche anstreben. Aber für den Moment ist die Moll-Pentatonik eine gute Möglichkeit, um mit Soli über ii-V-I-Sequenzen zu beginnen und etwas, auf dem man aufbauen kann.

Falsche und *zu vermeidende* Noten

Ein hoch qualifizierter und erfahrener Jazzmusiker kann jede Note auf jedem Akkord gut klingen lassen, je nachdem, wie er sich dieser Note nähert und sich von ihr entfernt. Es geht nur darum, dass einige Noten dissonanter klingen als andere. Diese werden manchmal als „Spannungstöne" oder als *spielen außerhalb (engl. „outside")* der Harmonie bezeichnet. Aber es braucht viel Geschick und Erfahrung, um dies zu schaffen und nicht so zu klingen, als ob man falsche Noten spielt.

Wenn du anfängst, musst du lernen, *innerhalb (engl. „inside")* der Harmonie zu spielen, d.h. Noten zu spielen, die zur zugrunde liegenden harmonischen Abfolge passen. Wenn du Akkordtöne für dein Solo oder Noten aus der Tonleiter verwendest, die durch den jeweiligen Akkord oder die Akkordfolge impliziert sind, spielst du *inside*.

Wie in Kapitel Sieben erwähnt, gibt es einige Noten in einer Tonleiter, die beim Spielen über bestimmte Akkorde angespannt klingen. Obwohl sie technisch gesehen die richtigen Töne sind, sitzen sie nicht gut auf dem Akkord und sollten nicht gespielt werden. Diese werden als zu vermeidende Noten bezeichnet. Du kannst diese Noten als Durchgangstöne innerhalb einer Phrase spielen, aber du solltest vermeiden, sie auf dem ersten Schlag des Taktes zu spielen oder sie über einen Akkord zu halten.

Ein Beispiel für eine zu vermeidende Note ist die vierte Stufe einer Dur-Tonleiter, die über einen Dur-Akkord gespielt wird. Probiere es aus und du wirst die Spannung hören, die sie mit der großen Terz im Akkord erzeugt. Die vierte (oder elfte) Stufe der Dur-Tonleiter gibt ein Intervall von einem Halbton (oder einer kleinen None) zur großen Terz an, was ein sehr dissonantes Intervall ist. Es ist keine *falsche* Note, aber du würdest sie nicht spielen wollen.

Die Verwendung einer Tonleiter ohne *zu vermeidende* Noten macht das Leben viel einfacher, weil du dir keine Sorgen um dieses Problem machen musst. Wenn du die Moll-Pentatonik spielst, die auf der großen Terz der Tonart (dem I-Akkord) aufgebaut ist, kannst du sie über die gesamte ii-V-I Sequenz spielen und hast keine *falschen* Noten oder *zu vermeidende* Noten, mit denen du umgehen musst.

Jetzt wollen wir sehen, warum.

Wenn du eine ii-V-I-Akkordfolge in Eb-Dur spielst, erhältst du folgende Akkorde.

Beispiel 10a:

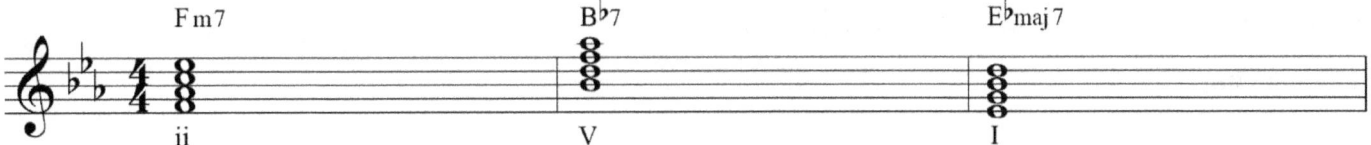

Alle Akkorde sind diatonisch zu Eb-Dur, d.h. sie verwenden nur Noten der Eb-Dur-Tonleiter. Es gibt keine anderen Noten von außerhalb der Tonleiter.

Die große Terz von Eb-Dur ist G. Wenn du eine g-Moll-Pentatonik über alle drei Akkorde der ii-V-I-Sequenz in Eb-Dur spielst, hast du keine *falschen* Noten oder *zu vermeidenden* Noten, mit denen du umgehen musst. Die folgenden drei Beispiele erklären, warum.

Akkord ii

Akkord ii in der Tonart Eb ist Fm7, und die Noten dieses Akkords sind F, Ab, C, Eb. Wenn du die g-Moll-Pentatonik (G, Bb, C, D, F) über Fm7 spielst, spielst du die 9, 11, 5, 13 und 1 dieses Akkords. Keine davon sind *falsche* Noten oder *zu vermeidende* Noten. Sie funktionieren alle gut und kollidieren nicht mit dem Akkord, aber du verwendest nicht die b3 oder b7, die funktionalsten Töne sind. Die g-Moll-Pentatonik funktioniert also okay über einen Fm7-Akkord, aber es ist kein besonders starker Klang.

Beispiel 10b:

Akkord V

Akkord V in der Tonart Eb ist Bb7, und die Noten dieses Akkords sind Bb, D, F, Ab. Wenn du eine g-Moll-Pentatonik (G, Bb, C, D, F) über Bb7 spielst, spielst du die 13, 1, 9, 3 und 5 dieses Akkords. Wieder gibt es keine *falschen* Noten oder *zu vermeidende* Noten und dieses Mal verwendest du die 3, was eine starke Wahl ist. Die g-Moll-Pentatonik funktioniert also gut über eine Bb7.

Beispiel 10c:

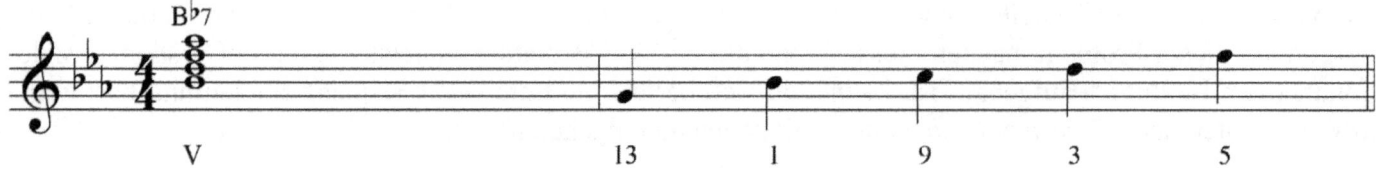

Akkord I

Akkord I in der Tonart Eb ist Ebmaj7, und die Noten dieses Akkords sind Eb, G, Bb, D. Wenn du die g-Moll-Pentatonik (G, Bb, C, D, F) über Ebmaj7 spielst, spielst du die 3, 5, 13, 7, 9 dieses Akkords. Auch hier gibt es keine *falschen* Noten oder *zu vermeidende* Noten und verwendest du die 3 und die 7, also funktioniert die g-Moll-Pentatonik sehr gut über eine Ebmaj7.

Beispiel 10d:

Nun wirst du all diese Theorie in die Praxis umsetzen und über eine ii-V-I-Akkordfolge in der Tonart Eb-Dur in der g-Moll-Pentatonik improvisieren. Bei dieser Übung wird ein viertaktiger Vamp verwendet, und die Backing-Tracks wurden mit verschiedenen Geschwindigkeiten aufgenommen. Beginne mit der langsamsten Geschwindigkeit und arbeite dich nach oben.

Beispiel 10e:

Arbeiten in anderen Tonarten

Alles, was du in diesem Buch gelernt hast, hat eine g-Moll-Pentatonik verwendet. Du hast alles in einer Tonart gelernt, aber es gibt zwölf verschiedene Tonarten. Im Idealfall solltest du alles in allen zwölf Tonarten üben. Aber, du musst nicht alles auf einmal machen. Alles in allen Tonarten zu lernen ist ein gewaltiges Unterfangen und ein langfristiges Ziel.

Nimm zunächst das Gelernte und transponiere es in eine oder zwei andere geläufige Tonarten. Nach und nach, mit Übung, wirst du deine Skalen und Melodien in verschiedene Tonarten fließend transponieren.

Die Verwendung von Zahlen anstelle von Buchstaben zur Identifizierung der einzelnen Noten ist beim Transponieren hilfreich, da sich die Zahlen nicht ändern, die Buchstaben aber schon. Natürlich muss man wissen, was die Noten (die Buchstaben) sind, aber wenn man in Zahlen denkt, dann ist alles gleich, egal in welcher Tonart. Die Verwendung von Zahlen bedeutet, dass du harmonisch denkst, was dir hilft zu verstehen, was du spielst. Sobald du das gleiche in ein paar Tonarten transponiert hast, wirst du den Vorteil der Verwendung von Zahlen anstelle von Buchstaben zu schätzen wissen.

Im nächsten Beispiel wirst du die g-Moll-Pentatonik in die c-Moll-Pentatonik transponieren. Du hast dies in Kapitel Zwei mit der Intervallfolge gemacht, aber diesmal ist die Notation angegeben. Beachte, dass die neue Tonart ein zusätzliches b-Vorzeichen hat.

Beispiel 10f:

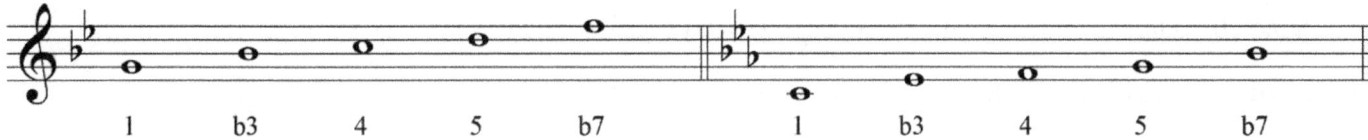

Wenn du die Tonart änderst, wird die 1 zu einer anderen Note, aber jede andere Note hat die gleiche Beziehung zur 1. Daher können wir die gleichen Zahlen in dieser neuen Tonart verwenden, um jede Note der Tonleiter zu definieren.

Wenn du die erste Tonleiter-Pattern-Übung, die du in Beispiel 3a gelernt hast, in die neue Tonart transponierst, erhältst du folgendes (beachte, dass die Zahlen gleich, aber die Noten unterschiedlich sind):

Beispiel 10g:

Es gibt nicht genügend Platz in diesem Buch, um alle Beispiele durch alle zwölf Tonarten zu transponieren, aber hoffentlich reicht die obige Demonstration aus, um das Konzept für dich zu verdeutlichen.

In diesem Buch wurden einige wesentliche Konzepte und Techniken der Jazzimprovisation behandelt, die auf den Methoden basieren, die ich in einigen meiner Jazz-Workshops anwende. Ich hoffe, es hat dir Spaß gemacht, diese Fähigkeiten zu entwickeln, und dein Wissen und Selbstvertrauen ist so weit gewachsen, dass du dich beim Improvisieren und Kreieren deiner eigenen Musik wohlfühlst.

Das Erlernen von Improvisation und Jazzmusik ist eine lebenslange Aufgabe. Es erfordert eine Menge Arbeit, kann aber sehr lohnend sein. Je mehr du übst, desto mehr wirst du dich verbessern. Je mehr du lernst, desto mehr wirst du diese große Kunstform verstehen und schätzen. Man *kommt* nie wirklich *an*. Das Geheimnis ist, das Beste aus der Reise herauszuholen.

Du kannst mich über meine Website **www.busterbirch.co.uk** erreichen.

Beste Wünsche und Dankeschön.

Buster

www.ingramcontent.com/pod-product-compliance
Lightning Source LLC
LaVergne TN
LVHW061256060426
835507LV00020B/2333